# 国学常识

谭正璧 编著

天津出版传媒集团
百花文艺出版社

图书在版编目（CIP）数据

国学常识 / 谭正璧编著. -- 天津 : 百花文艺出版社, 2022.1
ISBN 978-7-5306-7986-9

Ⅰ. ①国… Ⅱ. ①谭… Ⅲ. ①国学-基本知识 Ⅳ. ①Z126

中国版本图书馆 CIP 数据核字(2021)第 227416 号

国学常识
GUOXUE CHANGSHI
谭正璧 编著

出 版 人：薛印胜
责任编辑：赵 芳
装帧设计：张振洪
出版发行：百花文艺出版社
地址：天津市和平区西康路 35 号 邮编：300051
电话传真：+86-22-23332651（发行部）
+86-22-23332656（总编室）
+86-22-23332478（邮购部）
网址：http://www.baihuawenyi.com
印刷：天津新华印务有限公司
开本：787×1092 毫米 1/32
字数：145 千字
印张：11
版次：2022 年 1 月第 1 版
印次：2022 年 1 月第 1 次印刷
定价：55.00元

如有印装质量问题，请与天津新华印务有限公司联系调换
地址：天津东丽开发区五经路 23 号
电话：(022)58160306
邮编：300300

目录

# 第一章 经学

## 第一节 | 总论

### 【经是什么】

我们研究经学，必先明白什么叫做经，经是什么，和什么叫做经学？

经字的本义，《说文解字》以为“织纵丝也”。因为织物的纵丝有一定的次序而不能紊乱，所以辗转假借而为法字和常字的意义。经既可作法字、常字解，于是那些可为我们日常言行的法则的古书，都被蒙上一个经的名称了。

据经学专门家的意见：今文学派以为经是孔子著作的书

名，在孔子前或孔子后的著作都不得称为经，所以只有《诗》、《书》、《礼》、《乐》、《易》、《春秋》可称为经。古文学派以为经是一切书籍的通称，不是孔子的六经所能专有；因为经是订书的线，所以凡是线装书都可称经。

实在，因为历史的转变，经字的意义也在随着时代而演变。现代人所称经的范围，已由孔子删定的六经，扩张到以孔子为中心的其他书籍——如《孟子》、《尔雅》等，与上述诸说，已不尽相符了。

## 【经目的变化】

经的名称，始见于《国语》。但孔子的六种著作被称为经，却始于《庄子·天运篇》。在《礼记》中则仅称四术；扬雄、班固又仅称五经。东汉以后，经的领域逐渐扩张，于是又有七经、九经、十经、十一经、十二经、十三经、十四经及二十一经等等的名称。

四经　即四术，为《诗》、《书》、《礼》、《乐》。

五经　因六经中佚去《乐经》，故称五经。《白虎通》则以《易》、《书》、《诗》、《礼》、《乐》为五经。

六经　《庄子》称《诗》、《书》、《礼》、《乐》、《易》、《春秋》为六经；《史记》和《汉书》则称六经为六艺。

七经　西汉于六经外加《论语》称七经；东汉则加《孝经》

而去《乐经》。晋傅咸以《易》、《诗》、《书》、《周官》、《左传》、《论语》、《孝经》为七经。宋刘敞以《尚书》、《毛诗》、三《礼》、《公羊传》、《论语》为七经。清《圣祖御纂七经》则指《易》、《书》、《诗》、《春秋》、三《礼》等七种。

九经　唐时所立学官，以《易》、《诗》、《书》、三《礼》、《春秋》三传为九经。《经典释文》则以《易》、《诗》、《书》、三《礼》、《春秋》、《论语》、《孝经》为九经。

十经　《南史》以五经、五纬为十经。《宋书》则以《周易》、《尚书》、《毛诗》、《礼记》、《周官》、《仪礼》、《春秋左氏传》、《公羊》、《穀梁》各为一经，《论语》、《孝经》为一经，所以谓之十经。

十一经　宋儒于十三经中除去《论语》、《孟子》，便为十一经。因为他们已将《论语》、《孟子》另外列入四书里了。

十二经　名始见于《庄子·天道篇》。《经典释文》以为有三义：一以六经加六纬为十二经；二以《易》上下经并加孔子十翼为十二经；三以《春秋》分十二公为十二经。至唐大和中所刻十二经，则为《易》、《诗》、《书》、三《礼》、三《传》、《论语》、《孝经》及《尔雅》。

十三经　宋于唐之九经——《易》、《诗》、《书》、三《礼》、三《传》——外，增《论语》、《孝经》、《孟子》、《尔雅》，称为十三经。现代所用广义的经目，仍多以此为准则。

十四经　宋尝并《大戴礼记》于十三经之末，称为十四经。

二十一经　清段玉裁主张于十三经外，应加《大戴礼记》、《国语》、《史记》、《汉书》、《资治通鉴》、《说文解字》、《周髀算经》、《九章算术》八书，为二十一经。

总之，经目的范围虽各各不同，然依普通的惯例，多以十三经为限。本书循名核实，以古代五经为主，而附以《论语》与《孝经》。经学要籍，已俱备于此了。

## 【经学的派别】

经学家的派别，据多数学者的意见，可以归纳为西汉今文学、东汉古文学及宋代理学三派。

诸经遭秦火之厄，多数被毁，汉惠帝除挟书的禁令，秘藏的书始陆续出世。但诸经本用古篆所写，古篆在汉代已不通行，为便于诵习起见，乃改为当时通行的隶书。于是始有所谓今文。其后以山岩屋壁，复次第发现旧籍。此种书仍用古篆书写，以其对今文而言，遂有所谓古文。所以所谓今文与古文，本指书写文字之不同。后因经学家各有所宗，门户之见甚深，于是才有了所谓今古文学派。

西汉今文学派发生于汉初，在当时因由帝王提倡，所以在学术界几有独尊之势。后来因古文学的暴兴，与郑玄、王肃的混乱家法，遂至逐渐衰落。直到清代中末叶，因社会、政治、学术各方面趋势的汇合，于是这久无声息的今文学忽然复兴起来，居然在学术界有盛莫能当的现象。它的余波回响，直到现在还在学术界里存在，并且正在向着新的途径发展。

东汉古文学派实发生于西汉末年。到了东汉，因为今文学派自身的腐化，及古文学大师的努力，遂有取今文学而代之之势。郑玄、王肃虽称混淆家法，但究竟左袒古文学。后来六朝的南北学，隋唐的义疏派，都立场于古文学。一直到宋学兴起，于是古文学始暂废歇。元明之末，顾亭林扛了“舍经学无理学”的大旗来复兴古文学，又成为清代三百年学术界的权威。

宋代理学被称为经学上的怀疑派。这种怀疑的风气，盛行于北宋庆历之后。到了南宋，因研究方法的不同，又分为三大派：一为归纳派，以程颐、朱熹为领袖，旧称朱学。一为演绎派，以陆九渊、杨简为领袖，旧称陆学。一为批评派，以叶适、陈傅良为领袖，旧称浙学。他们都立足于哲学的见解，以理欲心性为论究的对象，而借助于经学的解释。元明以来，朱学因朝廷的提倡，取得正统的地位。陆学则得王守仁的加入，而为具有天才的学者所信仰。但这二派都借经学言理学，结果均空疏无一物。于是元明二代转成为经学衰落时期，而东汉古文学遂得以乘间而起。

## 第二节 |《易 经》

### 【《易》是什么】

《易》本有三种：夏代的《易》名《连山》，以艮卦为首；商代的《易》名《归藏》，以坤卦为首；周代的《易》名《周易》，以乾卦为首。总名为三《易》。《连山》、《归藏》久已失传，今所存者为《周易》。

《周易》的易字含有三种意义：一为简易，二为变易，三为不易。周字亦有两种解说：一因重卦、系辞、作十翼者都为周人；一因其道周普，无所不备。或以《周易》的周为别于夏

《易》、商《易》而言，那是误会的话。

伏羲取则于鸟兽文章、河图、洛书以造八卦——为☰（乾）、☷（坤）、☳（震）、☴（巽）、☵（坎）、☲（离）、☶（艮）、☱（兑），本有图而无字。后人取两卦相重，成六十四卦。此重卦者为谁？王弼以为即伏羲自己，郑玄以为神农，孙盛以为夏禹，司马迁以为周文王，说无一定。

## 【《周易》的内容】

《周易》内容，可分为《经》、《传》二部。《经》的部分，又可分为两种：一为《卦辞》，一为《爻辞》。《卦辞》定全卦的意义；《爻辞》解释每一爻的意义。它的作者为谁？历来也不一其说。郑玄等以为都是文王所作；马融等则主《卦辞》为文王所作，《爻辞》为周公所作；皮锡瑞却以为都是孔子所作。

《易传》共有十篇——为《象辞》上、《象辞》下、《象辞》上、《象辞》下、《系辞》上、《系辞》下、《文言》、《说卦》、《序卦》、《杂卦》，实只可分为七种。《象辞》所以解释《卦辞》。《象辞》又分为《大象》、《小象》：《大象》所以解释全卦所从的象；《小象》所以解释每爻所从的象，亦即解释《爻辞》。《系辞》所以补充《象辞》、《象辞》等的不足。《文言》是文饰之意，专解乾、坤二卦。《说卦》偏于说象，在陈说八卦的德业、变化及“法象之所为”。《序卦》说明六十四卦相承相生的次序。《杂卦》系杂举各卦的卦义，拿同的互相比类，不同的互相发明。这十篇相传称为十翼，为孔子所作。古文学派相信十翼说，今文学派则反对之。宋学派以为《系辞》、《文言》以下，都非孔子所作。

## 【《易》学的派别】

《易》学有今文学、古文学及宋学三派：今文学有四家，在西汉时都立于学官，为施氏、孟氏、梁丘氏、京氏。东汉虞氏世传孟氏《易》，五传至虞翻，作书很多。古文学派仅有费氏一家，西汉末立于学官，所以它的来源不可考。东汉时，陈元、郑众、马融、郑玄、荀爽等都习费氏《易》，为作传注。魏王弼以《老》、《庄》解《易》，亦用费氏本。古文学乃大盛。宋学大别为图书、义理二派：图书派附会古代所谓河图、洛书，起源于道士陈抟，撰《易龙图》一书。历宋元明三代，这道士式的《易》学竟成为《易》学正统。义理派始于胡瑗。瑗作《易传》，专究性命道德之理。继起者有程颐及郭忠孝、项安世、杨万里、许衡等。到了清代，古文学复兴，著名的《易》学家，最先有惠栋，继之者为张惠言；而焦循更异军特起，所有撰著，自成一家学说。

# 乾　传

《周易》

☰

乾，元亨利贞。

初九，潜龙勿用。

九二，见龙在田，利见大人。

九三，君子终日乾乾，夕惕若，厉，无咎。

九四，或跃在渊，无咎。

九五，飞龙在天，利见大人。

上九，亢龙有悔。

用九，见群龙无首，吉。

《彖》曰：大哉乾元，万物资始，乃统天。云行雨施，品物流形。大明终始，六位时成，时乘六龙以御天。乾道变化，各正性命，保合大和，乃利贞。首出庶物，万国咸宁。

《象》曰：天行健，君子以自强不息。潜龙勿用，阳在下也。见龙在田，德施普也。终日乾乾，反复道也。或跃在渊，进无咎也。飞龙在天，大人造也。亢龙有悔，盈不可久也。用九，天德不可为首也。

《文言》曰：元者，善之长也。亨者，嘉之会也。利者，义之和也。贞者，事之干也。君子体仁，足以长人。嘉会，足以合礼。利物，足以和义。贞固，足以干事。君子行此四德者，故曰乾元亨利贞。

初九曰"潜龙勿用"，何谓也？子曰："龙德而隐者也。不易乎世，不成乎名。遁世无闷，不见是而无闷。乐则行之，忧则违之。确乎其不可拔，潜龙也。"

九二曰"见龙在田，利见大人"，何谓也？子曰："龙德而正中者也。庸言之信，庸行之谨，闲邪存其诚。善世而不伐，德博而化。《易》曰：'见龙在田，利见大人'，君德也。"

九三曰"君子终日乾乾，夕惕若，厉，无咎"，何谓也？子曰："君子进德修业。忠信，所以进德也。修辞立其诚，所以居业也。知至至之，可与几也。知终终之，可与存义也。是故居上位而不骄，在下位而不忧。故乾乾因其时而惕，虽危无咎矣。"

九四曰"或跃在渊，无咎"，何谓也？子曰："上下无常，非为邪也。进退无恒，非离群也。君子进德修业，欲及时也，故无咎。"

九五曰“飞龙在天，利见大人”，何谓也？子曰：“同声相应，同气相求。水流湿，火就燥。云从龙，风从虎。圣人作而万物睹。本乎天者亲上，本乎地者亲下。则各从其类也。”

上九曰“亢龙有悔”，何谓也？子曰：“贵而无位，高而无民，贤人在下位而无辅，是以动而有悔也。”

潜龙勿用，下也。见龙在田，时舍也。终日乾乾，行事也。或跃在渊，自试也。飞龙在天，上治也。亢龙有悔，穷之灾也。乾元用九，天下治也。

潜龙勿用，阳气潜藏。见龙在田，天下文明。终日乾乾，与时偕行。或跃在渊，乾道乃革。飞龙在天，乃位乎天德。亢龙有悔，与时偕极。乾元用九，乃见天则。

乾元者，始而亨者也。利贞者，性情也。乾始能以美利利天下，不言所利，大矣哉。大哉乾乎，刚健中正，纯粹精也。六爻发挥，旁通情也。时乘六龙，以御天也。云行雨施，天下平也。

君子以成德为行，日可见之行也。潜之为言也，隐而未见，行而未成，是以君子弗用也。

君子学以聚之，问以辨之，宽以居之，仁以行之。《易》曰：“见龙在田，利见大人”，君德也。

九三重刚而不中，上不在天，下不在田，故乾乾因其时而惕，虽危无咎矣。

九四重刚而不中，上不在天，下不在田，中不在人，故或之。或之者，疑之也。故无咎。

夫大人者，与天地合其德，与日月合其明，与四时合其序，与鬼神合其吉凶。先天而天弗违，后天而奉天时。天且弗违，而况于人乎，况于鬼神乎。亢之为言也，知进而不知退，知存而不知亡，知得而不知丧。其唯圣人乎，知进退存亡而不失其正者，其唯圣人乎。

## 第三节 |《书经》

### 【《书经》是什么】

《书经》本名《尚书》。《尚书》的意义，自来有三种说法：一为孔安国说，“以其上古之书，谓之《尚书》”。一为王肃说，“上所言，史所书，故曰《尚书》”。一为郑玄说，“尚者，上也，尊而重之，若天书然”，故曰《尚书》。

《尚书》在诸经中为最多问题的一书：它不但有今文、古文之分，又有真书、伪书之别。《今文尚书》凡二十九篇（其中《盘庚》、《泰誓》各分上中下三篇，《顾命》另分出《康王之诰》

一篇，故亦可称为三十四篇），传自汉初伏生。《古文尚书》亦称《逸书》，相传凡十六篇（其中《九共》分为九篇，故亦可称为二十四篇），据古文学家说，是汉武帝末鲁恭王坏孔子宅壁而得。今原书已佚，仅存目录。伪《古文尚书》凡二十五篇，又有伪孔安国《尚书传》，均为东晋时梅赜（或作梅颐）所献。今本《尚书注疏》，就是以伪《古文尚书》二十五篇加真《今文尚书》三十三篇（本三十四篇，去《泰誓》三篇，分《尧典》下半为《舜典》，分《皋陶谟》下半为《益稷》，故为三十三篇）共五十八篇及伪孔安国《尚书传》为底本。

## 【《尚书》的内容】

《尚书》和《诗经》一样，《诗经》有《诗序》，《尚书》亦有所谓《书序》。《书序》的作者，或以为孔子，或以为非是，聚讼纷纭，难以确定。

伪孔安国《传》分《尚书》为六体，即典、谟、训、诰、誓、命。孔颖达《疏》分为十例：一曰典，如《尧典》、《舜典》；二曰谟，如《大禹谟》、《皋陶谟》；三曰贡，如《禹贡》；四曰歌，如《五子之歌》；五曰誓，如《甘誓》、《泰誓》三篇、《汤誓》、《牧誓》、《费誓》、《秦誓》；六曰诰，如《仲虺之诰》、《汤诰》、《大诰》、《康诰》、《酒诰》、《召诰》、《洛诰》、《康王之诰》；七曰训，如《伊训》；八曰命，如《说命》三篇、《微子之命》、《蔡仲之命》、《顾命》、《毕命》、《冏命》、《文侯之命》；九曰征，如《胤征》；十曰范，如《洪范》。此外尚有许多篇，其名不符于上述十例的，都可以细详内容，按例列入十例之中。

## 【《尚书》学的派别】

《尚书》学派，较普通经学派多一伪古文学。今文学传自伏生，后分三家，为欧阳氏、大夏侯氏、小夏侯氏。晋永嘉之乱，三家《尚书》都亡佚。至清代辑佚学兴，今文学说始大略可考。西汉古文学仅有孔安国一家。东汉时较多，著名的有贾逵、孔僖、周防、张楷等。马融、郑玄等虽间或杂糅今古文，但仍偏袒古文学。自东汉末至北朝，治《尚书》者都以郑《注》为宗，故仍不出古文学范围。及唐孔颖达作《尚书正义》，承认伪《古文尚书》及伪孔《传》，郑学乃亡。清代汉学复兴，以马、郑《注》为依归，于是古文学又大略可见。伪古文学所奉者为伪《古文尚书》及伪孔《传》。其作者为谁？或以为王肃，或以为皇甫谧，或以为即献书的人梅赜。唐孔颖达作《正义》，以伪孔为宗，于是伪《书》与伪《传》遂成为标准经典。但经了宋吴棫、朱熹，明梅鷟，清阎若璩、惠栋等相继攻击，它的伪号就此确定。至于宋学家的治《尚书》，无家数可举。仅朱熹门人蔡沈作《书经集传》，祖述朱义，在元明二代，群奉为《书》注正则。现在通行之五经注本，即为此集传本。

# 汤　誓 注一

伊尹相汤，伐桀，升自陑，遂与桀战于鸣条之野，作《汤誓》。

王曰：“格尔众庶，悉听朕言。非台小子敢行称乱，有夏多罪，天命殛之。今尔有众，汝曰：‘我后不恤我众，舍我穑事而割正夏。’予惟闻汝众言，夏氏有罪。予畏上帝，不敢不正。今汝其曰：‘夏罪，其如台？’夏王率遏众力，率割夏邑。有众率怠弗协。曰：‘时日曷丧？予及汝皆亡！’夏德若兹，今朕必往。尔尚辅予一人致天之罚。予其大赉汝。尔无不信，朕不食言。尔不从誓言，予则孥戮汝，罔有攸赦。”

注一　选自《尚书·商书》。
本书注释皆编者所加。

# 牧　誓 注一

武王戎车三百两，虎贲三百人，与受战于牧野，作《牧誓》。

时甲子昧爽，王朝至于商郊牧野，乃誓。王左杖黄钺，右秉白旄，以麾。曰："逖矣，西土之人！"王曰："嗟！我友邦冢君，御事：司徒，司马，司空，亚旅，师氏，千夫长，百夫长，及庸、蜀、羌、髳、微、卢、彭、濮人，称尔戈，比尔干，立尔矛，予其誓。"王曰："古人有言曰：'牝鸡无晨。牝鸡之晨，惟家之索。'今商王受惟妇言是用，昏弃厥肆祀弗答，昏弃厥遗，王父母弟不迪，乃惟四方之多罪逋逃，是崇是长，是信是使，是以为大夫卿士，俾暴虐于百姓，以奸宄于商邑。今予发惟恭行天之罚。今日之事，不愆于六步七步，乃止齐焉。夫子勖哉！不愆于四伐五伐六伐七伐，乃止齐焉。勖哉夫子！尚桓桓，如虎如貔，如熊如罴，于商郊，弗迓克奔，以役西土。勖哉夫子！尔所弗勖，

注一　选自《尚书·周书》。

其于尔躬有戮。”

## 周　官 注一

成王既黜殷命，灭淮夷，还归在丰，作《周官》。

惟周王抚万邦，巡侯甸，四征弗庭，绥厥兆民，六服群辟，罔不承德，归于宗周，董正治官。王曰："若昔大猷，制治于未乱，保邦于未危。曰：'唐虞稽古，建官惟百，内有百揆四岳，外有州牧侯伯，庶政惟和，万国咸宁。夏商官倍，亦克用乂。明王立政，不惟其官，惟其人。'今予小子，祗勤于德，夙夜不逮，仰惟前代时若，训迪厥官。立太师，太傅，太保，兹惟三公，论道经邦，燮理阴阳，官不必备，惟其人。少师，少傅，少保，曰三孤，贰公弘化，寅亮天地，弼予一人。冢宰掌邦治，统百官，均四海。司徒掌邦教，敷五典，扰兆民。宗伯掌邦礼，治神人，和上下。司马掌邦政，统六师，平邦国。司寇掌邦禁，诘奸慝，刑暴乱。司空掌邦土，居四民，时地利。六卿分职，各率其属，以倡九牧，阜成兆民。"

注一　选自《尚书·周书》。

六年，五服一朝。又六年，王乃时巡，考制度于四岳。诸侯各朝于方岳，大明黜陟。王曰："呜呼！凡我有官君子，钦乃攸司，慎乃出令，令出惟行，弗惟反，以公灭私，民其允怀。学古入官，议事以制，政乃不迷。其尔典常，作之师。无以利口乱厥官。蓄疑败谋，怠忽荒政。不学墙面，莅事惟烦。戒尔卿士，功崇惟志，业广惟勤。惟克果断，乃罔后艰。位不期骄，禄不期侈，恭俭惟德，无载尔伪。作德心逸日休，作伪心劳日拙。居宠思危，罔不惟畏，弗畏入畏。推贤让能，庶官乃和，不和政庞。举能其官，惟尔之能。称匪其人，惟尔不任。"

王曰："呜呼！三事暨大夫，敬尔有官，乱尔有政，以佑乃辟，永康兆民，万邦惟无斁。"

# 第四节 《诗经》

## 【《诗经》是什么】

《诗经》在未尊为经之前，本称《诗三百篇》，亦单称为《诗》。诗字有三种意义：一为承，二为志，三为持。班固以为“诵其言谓之诗，咏其声谓之歌”。

古有采诗之官，王者赖以知风俗得失。周天子则五年一巡守，命大师陈诗以观民风。相传《诗》原有三千余篇，经孔子删去重复，纠正纷乱，取其可施于礼义教化的，计自《周南》起，至《商颂》止，凡存三百另五篇。或以为古《诗》在孔子前已经采诗官编存三百篇，至孔子则仅加以整理修订罢了。

## 【《诗经》的内容】

《诗经》分为风、雅、颂三大类。风又分为十五国风，为《周南》、《召南》、《邶风》、《鄘风》、《卫风》、《王风》、《郑风》、《齐风》、《魏风》、《唐风》、《秦风》、《陈风》、《桧风》、《曹风》、《豳风》，计共一百六十篇；雅又分为《大雅》、《小雅》，计共一百零五篇；颂又分为《周颂》、《鲁颂》、《商颂》，计共四十篇；合共三百零五篇。《毛诗》则加《南陔》、《白华》、《华黍》、《由庚》、《崇丘》、《由仪》六篇，为三百十一篇。但这加上的六篇，仅有篇名而无文辞，实不应计算在内。

现存的《诗经》为《毛诗》，有所谓《大序》和《小序》，列在各诗之前，说明诗中大意的，为《小序》；连在首篇《关雎》的《小序》之后，概论全书的，为《大序》。《诗序》的作者是谁？到现在还没有定论。在异说纷歧中，较古而较有势力的凡五说：一、郑玄以为《大序》子夏作，《小序》子夏、毛公合作。二、王肃以为《诗序》全为子夏所作。三、范晔以为卫宏作。四、王安石以为诗人所自制。五、程颢以为《小序》是国史旧文，《大序》是孔子所作。

## 【《诗经》学的派别】

《诗经》学可分为三派，即今文学、古文学及宋学。今文学又分鲁、齐、韩三家：《鲁诗》溯源于荀卿，创始于鲁人申培，亡佚于西晋；《齐诗》创始于齐人辕固生，亡佚于魏代；《韩诗》创始于燕人韩婴，亡佚于南宋以后，今仅存《外传》。古文学仅有毛氏一家，相传创始于毛公。毛公自谓传自子夏，其著作有《毛诗故训传》。东汉著名学者，为郑众、贾逵、马融、郑玄，都治《毛诗》。郑玄为《毛诗》作笺，杂采今文三家诗说，盛行一时。及唐孔颖达作《毛诗正义》，引伸毛、郑二家的经说，就成为当时《诗经》学的权威。清代陈奂作《毛诗义疏》，去郑用毛，始恢复《诗》古文学本来面目。宋学则无家数可举。南宋郑樵斥《诗序》为村野妄人所作，朱熹受郑樵影响，作《诗集传》及《诗序辨说》。《集传》不独弃《序》不用，而且杂采毛、郑，间录三家，以己意为取舍。又以为《诗》三百五篇中，男女淫佚之诗凡二十四，一反从来“思无邪”的传统的经说。元明学者都以之为归附，且一直风行到现在。

## 关　　雎

《周南》

关关雎鸠，在河之洲。窈窕淑女，君子好逑。

参差荇菜，左右流之。窈窕淑女，寤寐求之。求之不得，寤寐思服。悠哉悠哉，辗转反侧。

参差荇菜，左右采之。窈窕淑女，琴瑟友之。参差荇菜，左右芼之。窈窕淑女，钟鼓乐之。

# 伐　檀

《魏风》

坎坎伐檀兮，置之河之干兮。河水清且涟猗。不稼不穑，胡取禾三百廛兮？不狩不猎，胡瞻尔庭有县貆兮？彼君子兮，不素餐兮。

坎坎伐辐兮，置之河之侧兮。河水清且直猗。不稼不穑，胡取禾三百亿兮？不狩不猎，胡瞻尔庭有县特兮？彼君子兮，不素食兮。

坎坎伐轮兮，置之河之漘兮。河水清且沦猗。不稼不穑，胡取禾三百囷兮？不狩不猎，胡瞻尔庭有县鹑兮？彼君子兮，不素飧兮。

# 生　民

《大雅》

厥初生民，时维姜嫄。生民如何？克禋克祀，以弗无子。履帝武敏歆，攸介攸止。载震载夙，载生载育，时维后稷。

诞弥厥月，先生如达。不坼不副，无菑无害。以赫厥灵，上帝不宁。不康禋祀，居然生子。

诞置之隘巷，牛羊腓字之。诞置之平林，会伐平林。诞置之寒冰，鸟覆翼之。鸟乃去矣，后稷呱矣。实覃实訏，厥声载路。

诞实匍匐，克岐克嶷，以就口食。蓺之荏菽，荏菽旆旆。禾役穟穟，麻麦幪幪，瓜瓞唪唪。

诞后稷之穑，有相之道。茀厥丰草，种之黄茂。实方实苞，实种实褎，实发实秀，实坚实好，实颖实栗。即有邰家室。

诞降嘉种，维秬维秠，维穈维芑。恒之秬秠，是获是亩；恒之穈芑，是任是负。以归肇祀。

诞我祀如何？或舂或揄，或簸或蹂。释之叟叟，烝之浮浮。载谋载惟，取萧祭脂。取羝以軷，载燔载烈。以兴嗣岁。

卬盛于豆，于豆于登，其香始升。上帝居歆，胡臭亶时。后稷肇祀，庶无罪悔，以迄于今。

## 第五节 | 三《礼》

### 【礼是什么】

三《礼》为《周礼》、《仪礼》、《礼记》。礼字的解释，以郑玄为最精。他说："礼者，体也，履也。统之于心曰体，践而行之曰履。"

### 【《周礼》的内容】

《周礼》本名《周官》，亦称《周官经》，后称《周官礼》，又尊为《礼经》。它的作者是谁？古文学家以为是周公，最初主张者为刘歆。今文学家不但以为非周公所作，甚至斥为即刘歆所伪造。宋学家或以为周公制定而未实行，或以为间有汉儒的窜改，更为没根据的臆说。

全书凡分六篇：《天官冢宰》第一，《地官司徒》第二，《春官宗伯》第三，《夏官司马》第四，《秋官司寇》第五，《冬官司空》第六；但《冬官》一篇早已亡佚，当时补以《考工记》，称为《冬官考工记》。书的内容，详于周朝的制度，而不及于教化；严于百官的职守，而阙述人主的本分。因此或说它是文王治岐之制，或说它是周公理财之书，甚至或说它是战国阴谋之术。然都不足为信。

## 【《仪礼》的内容】

《仪礼》在古时单称曰《礼》，或称《士礼》，又名《古礼经》。它虽经秦火之后，然尚是礼书中较为完善的一部。汉代所传，因篇次先后不同而分的，凡有三本：一为戴德本，后世称为大戴本。二为戴圣本，后世称为小戴本。三为刘向别录本，为郑玄所注，即现代的通行本。至于因经文不同而分的，有二本：一为汉儒高堂生所传，为今文本。二为鲁恭王坏孔子宅所得，为古文本。郑玄所注，即参用今古文二本。

古文学家以为《仪礼》与《周礼》并为周公所作；今文学家

则以为孔子所定。《仪礼》又有完缺问题，今古文学家的意见亦绝对相反。今文学家以为今本十七篇已包举一切的礼仪，故为完整的经典。古文学家以为《逸礼》三十九篇为可信，故以《仪礼》的十七篇为秦火的残烬。

## 【《礼记》的内容】

《礼记》的制作，出于孔子的门人。古有一百三十一篇。汉代戴德传八十五篇，谓之《大戴礼记》；戴圣传四十九篇，谓之《小戴礼记》。《隋书·经籍志》以为戴圣删《大戴礼记》为四十六篇，谓之《小戴记》；汉末马融增益《月令》、《明堂》、《乐记》三篇，合四十九篇，始成今本的《礼记》。

《礼记》是最初混淆今古文学的书籍。内容大概可分三部：一部系说明《仪礼》；一部虽然说明《仪礼》，但所言仍为普通之礼；一部则完全与礼无关。

## 【《礼》学的派别】

三《礼》的学派各各不同：《周礼》为古文学，《仪礼》为今文学，《礼记》就学派说属于今文，就内容言则古今文兼有。西汉初年，仅有今文学的《仪礼》，传自鲁高堂生。后分大戴、小戴、庆氏三家。西汉末，《周礼》由古文学派首创者刘歆竭力提倡，其后马融、卫宏等都传是学。《礼记》的传授，本无学派可说。东汉末，马融曾传其学。郑玄受业于融，于注《仪礼》外兼注《周礼》与《礼记》，于是三《礼》之名始成立，而《礼记》亦始显于世。晋初王肃为反郑学的健将，所作《三礼解》及《仪礼丧服传》都故意与郑立异。经南北朝以至于隋，郑、王对峙，各有信徒。到了唐朝，贾公彦、孔颖达等疏三《礼》，专宗郑《注》，于是郑学有独尊之势。元陈澔作《礼记集说》，明人取之，郑《注》遂弃。清代汉学家以考据为主，《礼记》的研究遂不及《仪礼》、《周礼》之盛。

# 大司马[注一]

《周礼》

大司马之职，掌建邦国之九法，以佐王平邦国。制畿封国以正邦国，设仪辨位以等邦国，进贤兴功以作邦国，建牧立监以维邦国，制军诘禁以纠邦国，施贡分职以任邦国，简稽乡民以用邦国，均守平则以安邦国，比小事大以和邦国。以九伐之法正邦国，冯弱犯寡则眚之，贼贤害民则伐之，暴内陵外则坛之，野荒民散则削之，负固不服则侵之，贼杀其亲则正之，放弑其君则残之，犯令陵政则杜之，外内乱，鸟兽行，则灭之。

正月之吉，始和布政于邦国都鄙，乃县政象之法于象魏，使万民观政象，挟日而敛之。乃以九畿之籍，施邦国之政职。方千里曰国畿，其外方五百里曰侯畿，又其外方五百里曰甸畿，又其外方五百里曰男畿，又其外方五百里曰采畿，又其外方五百里曰卫畿，又其外方五百里曰蛮畿，又其外方五百里曰夷畿，又其外

注一　选自《周礼·夏官司马》。

方五百里曰镇畿，又其外方五百里曰蕃畿。凡令赋，以地与民制之。上地食者参之二，其民可用者家三人；中地食者半，其民可用者二家五人；下地食者参之一，其民可用者家二人。

中春，教振旅，司马以旗致民，平列陈，如战之陈。辨鼓铎镯铙之用，王执路鼓，诸侯执贲鼓，军将执晋鼓，师帅执提，旅帅挚鼙，卒长执铙，两司马执铎，公司马执镯。以教坐作进退疾徐疏数之节，遂以蒐田，有司表貉，誓民，鼓，遂围禁，火弊，献禽以祭社。

中夏，教茇舍，如振旅之陈。群吏撰车徒，读书契，辨号名之用，帅以门名，县鄙各以其名，家以号名，乡以州名，野以邑名，百官各象其事，以辨军之夜事。其他皆如振旅。遂以苗田，如蒐之法，车弊，献禽以享礿。

中秋，教治兵，如振旅之陈。辨旗物之用，王载大常，诸侯载旂，军吏载旗，师都载旜，乡遂载物，郊野载旐，百官载旟，各书其事与其号焉。其他皆如振旅。遂以狝田，如蒐田之法，罗弊，致禽以祀祊。

中冬，教大阅，前期群吏戒众庶修战法。虞人莱所田之野为表，百步则一，为三表，又五十步为一表。田之日，司马建旗于后表之中，群吏以旗物鼓铎镯铙，各帅其民而致。质明弊旗，诛后至者。乃陈车徒如战之陈，皆坐。群吏听誓于陈前，斩牲以左右徇陈，曰“不用命者斩之”。中军以鼙令鼓，鼓人皆三鼓，司马振铎，群吏作旗，车徒皆作；鼓行，鸣镯，车徒皆行，及表乃止；三鼓，摝铎，群吏弊旗，车徒皆坐。又三鼓，振铎，作旗，车徒皆作。鼓进，鸣镯，车骤徒趋，及表乃止，坐作如初。乃鼓，车驰徒走，及表乃止。鼓戒三阕，车三发，徒三刺。乃鼓退，鸣铙且却，及表乃止，坐作如初。遂以狩田，以旌为左右和之门，群吏各帅其车徒以叙和出，左右陈车徒，有司平之。旗居卒间以分地，前后有屯百步，有司巡其前后。险野，人为主；易野，车为主。既陈，乃设驱逆之车，有司表貉于陈前。中军以鼙令鼓，鼓人皆三鼓，群司马振铎，车徒皆作。遂鼓行，徒衔枚而进。大兽公之，小禽私之，获者取左耳。及所弊，鼓皆駴，车徒皆噪。徒乃弊，致禽馌兽于郊，入献禽以享烝。

及师，大合军，以行禁令，以救无辜，伐有罪。若大师，则掌其戒令，莅大卜，帅执事莅衅主及军器。及致，建大常，比军众，诛后至者。及战，巡陈，眡事而赏罚。若师有功，则左执律，右秉钺，以先恺乐献于社。若师不功，则厌而奉主车。王吊劳士庶子，则相。大役，与虑事属其植，受其要，以待考而赏诛。大会同，则帅士庶子而掌其政令。若大射，则合诸侯之六耦。大祭祀、飨食，羞牲鱼，授其祭。大丧，平士大夫。丧祭，奉诏马牲。

# 觐　礼[注一]

《仪礼》

觐礼。至于郊，王使人皮弁用璧劳，侯氏亦皮弁迎于帷门之外。再拜，使者不答拜。遂执玉，三揖。至于阶，使者不让，先升，侯氏升听命。降，再拜稽首，遂升受玉。使者左还而立，侯氏还璧，使者受。侯氏降，再拜稽首。使者乃出。侯氏乃止使者，使者乃入。侯氏与之让升。侯氏先升，授几。侯氏拜，送几。使者设几，答拜。侯氏用束帛、乘马傧使者，使者再拜受。侯氏再拜送币。使者降，以左骖出。侯氏送于门外，再拜。侯氏遂从之。

天子赐舍，曰："伯父，女顺命于王所，赐伯父舍。"侯氏再拜稽首，傧之束帛、乘马。

天子使大夫戒，曰："某日，伯父帅乃初事。"侯氏再拜稽首。

诸侯前朝，皆受舍于朝。同姓西面北上，异姓东面北上。

注一　此系节选，未录最末一段。

侯氏裨冕，释币于祢。乘墨车，载龙旂、弧韣，乃朝以瑞玉，有缫。天子设斧依于户牖之间，左右几。天子衮冕负斧依，啬夫承命，告于天子。天子曰："非他，伯父实来，予一人嘉之。伯父其入，予一人将受之。"侯氏入门右，坐奠圭，再拜稽首。摈者谒。侯氏坐取圭，升致命。王受之玉。侯氏降，阶东北面再拜稽首。摈者延之曰："升。"升成拜，乃出。

四享，皆束帛加璧，庭实唯国所有。奉束帛，匹马卓上，九马随之，中庭西上，奠币，再拜稽首。摈者曰："予一人将受之。"侯氏升致命。王抚玉。侯氏降自西阶，东面授宰币，西阶前再拜稽首，以马出，授人，九马随之。事毕。

乃右肉袒于庙门之东。乃入门右，北面立，告听事。摈者谒诸天子。天子辞于侯氏，曰："伯父无事，归宁乃邦。"侯氏再拜稽首。出，自屏南适门西，遂入门左，北面立，王劳之。再拜稽首。摈者延之曰："升。"升成拜，降出。

天子赐侯氏以车服。迎于外门外，再拜。路先设，西上，路下四，亚之。重赐无数，在车南。诸公奉箧服，加命书于其上，升自西阶，东面，大史是右。侯氏升，西面立。大史述命。侯氏降两阶之间，北面再拜稽首，升成拜。大史加书于服上，侯氏受。使者出。侯氏送，再拜，傧使者，诸公赐服者，束帛、四马，傧大史亦如之。

同姓大国，则曰伯父，其异姓，则曰伯舅。同姓小邦，则曰叔父，其异姓，则曰叔舅。

飨礼，乃归。

诸侯觐于天子，为宫方三百步，四门，坛十有二寻，深四尺，加方明于其上。方明者，木也，方四尺。设六色：东方青，南方赤，西方白，北方黑，上玄，下黄。设六玉：上圭，下璧，南方璋，西方琥，北方璜，东方圭。上介皆奉其君之旂，置于宫，尚左。公侯伯子男皆就其旂而立。四传摈。天子乘龙，载大旆，象日月、升龙、降龙，出，拜日于东门之外，反祀方明。礼日于南门外，礼月与四渎于北门外，礼山川丘陵于西门外。

祭天，燔柴。祭山、丘陵，升。祭川，沈。祭地，瘗。

# 学　记

《礼记》

发虑宪，求善良，足以谀闻，不足以动众。就贤体远，足以动众，未足以化民。君子如欲化民成俗，其必由学乎！

玉不琢不成器，人不学不知道。是故古之王者建国君民，教学为先。《兑命》曰：“念终始典于学”，其此之谓乎！

虽有嘉肴，弗食不知其旨也；虽有至道，弗学不知其善也。是故学然后知不足，教然后知困。知不足，然后能自反也。知困，然后能自强也。故曰教学相长也。《兑命》曰：“学学半”，其此之谓乎！

古之教者，家有塾，党有庠，术（遂）有序，国有学。比年入学，中年考校。一年视离经辨志，三年视敬业乐群，五年视博习亲师，七年视论学取友，谓之小成。九年知类通达，强立而不反，谓之大成。夫然后足以化民易俗，近者说服，而远者怀之。此大学之道也。《记》曰：“蛾子时术之”，其此之谓乎！

大学始教，皮弁祭菜，示敬道也。《宵雅》肄三，官其始也。入学鼓箧，孙其业也。夏楚二物，收其威也。未卜禘，不视学，游其志也。时观而弗语，存其心也。幼者听而弗问，学不躐等也。此七者，教之大伦也。《记》曰：“凡学，官先事，士先志”，其此之谓乎！

大学之教也，时。教必有正业，退息必有居。学不学操缦，不能安弦。不学博依，不能安诗。不学杂服，不能安礼。不兴其艺，不能乐学。故君子之于学也，藏焉，修焉，息焉，游焉。夫然，故安其学而亲其师，乐其友而信其道。是以虽离师辅而不反也。《兑命》曰：“敬孙务时敏，厥修乃来”，其此之谓乎！

今之教者，呻其占毕，多其讯，言及于数，进而不顾其安，使人不由其诚，教人不尽其材，其施之也悖，其求之也佛。夫然，故隐其学而疾其师，苦其难而不知其益也。虽终其业，其去之必速。教之不刑，其此之由乎！

大学之法，禁于未发之谓豫，当其可之谓时，不陵节而施之谓孙，相观而善之谓摩。此四者，教之所由兴也。

发然后禁，则扞格而不胜。时过然后学，则勤苦而难成。杂施而不孙，则坏乱而不修。独学而无友，则孤陋而寡闻。燕朋逆其师，燕譬废其学。此六者，教之所由废也。

君子既知教之所由兴，又知教之所由废，然后可以为人师也。故君子之教喻也，道而弗牵，强而弗抑，开而弗达。道而弗牵则和，强而弗抑则易，开而弗达则思。和易以思，可谓善喻矣。

学者有四失，教者必知之。人之学也，或失则多，或失则寡，或失则易，或失则止。此四者，心之莫同也。知其心，然后能救其失也。教也者，长善而救其失者也。

善歌者使人继其声，善教者使人继其志。其言也约而达，微而臧，罕譬而喻，可谓继志矣。

君子知至学之难易，而知其美恶，然后能博喻；能博喻，然后能为师；能为师，然后能为长；能为长，然后能为君。故师也者，所以学为君也。是故择师不可不慎也。《记》曰："三王、四代唯其师"，此之谓乎！

凡学之道，严师为难。师严，然后道尊；道尊，然后民知敬学。是故君之所不臣于其臣者二：当其为尸，则弗臣也；当其为师，则弗臣也。大学之礼，虽诏于天子，无北面，所以尊师也。

善学者师逸而功倍，又从而庸之。不善学者师勤而功半，又从而怨之。善问者如攻坚木，先其易者，后其节目，及其久也，相说以解。不善问者反此。善待问者如撞钟，叩之以小者则小鸣，叩之以大者则大鸣，待其从容，然后尽其声。不善答问者反此。此皆进学之道也。

记问之学，不足以为人师，必也其听语乎。力不能问，然后语之。语之而不知，虽舍之可也。

良冶之子，必学为裘。良弓之子，必学为箕。始驾马者反之，车在马前。君子察于此三者，可以有志于学矣。

古之学者，比物丑类。鼓无当于五声，五声弗得不和。水无当于五色，五色弗得不章。学无当于五官，五官弗得不治。师无当于五服，五服弗得不亲。

君子曰："大德不官，大道不器。大信不约，大时不齐。察于此四者，可以有志于学矣。"三王之祭川也，皆先河而后海，或源也，或委也。此之谓务本。

## 第六节 |《春秋》及三《传》

### 【《春秋》是什么】

春秋本为古代记事史籍的通名。到孔子据鲁史而作《春秋》，于是始成为经的专名。为什么叫《春秋》呢？因为《春秋》是编年体，年有四时，不能遍举，故取春秋以包夏冬。为什么不用夏冬而用春秋呢？因为春为生物之始，秋为成物之终，始于春，终于秋，故曰《春秋》。

《春秋》是孔子据鲁史而作，古无异辞。然因专记孔子言行的《论语》无一语及于《春秋》，遂引起后人的怀疑。首言孔子作《春秋》者孟子，故近人钱玄同即断为孟子的伪言。其书分年记事，上起鲁隐公元年（公元前七二二年），下止鲁哀公十四年（公元前四八一年），计凡十二公——为隐公、桓公、庄公、闵公、僖公、文公、宣公、成公、襄公、昭公、定公、哀公——二百四十二年。书中殊多阙文阙义，不易研究，故王安石有“断烂朝报”之讥。

## 【三《传》的内容】

《左传》的作者，相传为与孔子同时的左丘明。两汉今、古文学家均承认。但古文家以《左传》系本《春秋》而作；今文学家以为《左传》本名《左氏春秋》，与《春秋》无关。至以左氏与左丘明为二人，则始于唐之赵匡；宋郑樵更考定左氏为六国时楚人。它的来源也有三说：一、《汉书》以为汉代藏于秘府，为刘歆发现；故今文学家以今本《左传》为刘歆窜改《国语》所伪造。二、许慎以为汉初张苍所献；但此说不见于西汉他书，恐亦难以凭信。三、王允以为发现于孔子宅壁中；段玉裁亦以为恐非事实。

《公羊传》为解释《春秋》而作。其与《左传》最大的不同点，在《左传》以史为主，《公羊传》则以义为主。此书来源，相传以为子夏传之公羊高，高四传至其玄孙寿，寿乃与齐人胡毋子都著为文字，故《四库总目》即定为公羊寿撰。但按其内容，决非成于一人。盖古代经传，非积累而成，就是经过后人窜改，《公羊传》亦难逃此例。

《穀梁传》的体裁与《公羊传》相近，而与《左传》不同。它本来与《公羊传》同属于今文学，自近人崔适斥为亦是刘歆所伪造，所以供《左传》的驱除，乃亦入之古文学。相传穀梁子受经于子夏，为经作传，即成今本《穀梁传》。但穀梁子之名，或作喜，亦作嘉，又作赤、寘、俶、淑，孰真孰谬，很难决定。它的内容，亦似非出于一人之手，所以作者为谁，至今尚成问题。

## 【《春秋》学的派别】

《春秋》学亦分今文学、古文学及宋学三派。西汉初，《春秋》分为五家，为左氏、公羊、穀梁、邹氏、夹氏。后来“邹氏无师，夹氏有录无书”，故仅存其三。《左传》属于古文学，始发现者为刘歆，故今文学家诋为即歆所伪造。自歆之后，始有传授源流可寻。东汉末，郑玄初治《公羊》，后改治《左传》，以所注授服虔，学乃大行。三国时，《公》、《穀》学已渐衰微，治《左传》者益众。晋杜预好《左传》，成《春秋经传集解》，又撰《春秋释例》，至今尚极通行。至唐孔颖达疏五经，《左传》用杜注，于是贾、服传注遂亡。《公羊传》属于今文学，汉初始于胡毋生及董仲舒。传至严氏、颜氏二家，都立于学官，遂分二派。东汉时，何休专主《公羊》，力排《左》、《穀》，撰《公羊解诂》，流传至今。三国以后，逐渐衰落。唐徐彦撰《公羊传疏》，注取何休《解诂》，颇得汉学正传。清末康有为撰《大同书》，尤为引申《公羊》学的名著。《穀梁传》的学派谁属，已成疑问。相传始于汉初的申公。西汉时，朝廷曾集经师平《公》、《穀》异同，萧望之、刘向等都倾向《穀梁》，于是其学渐盛。东晋范宁集诸家旧说，成《穀梁集解》，流传至今。唐杨士勋撰《穀梁义疏》，即以《集解》为主。宋代的《春秋》学则以弃传谈经为特色。他们不是排斥三《传》，就是糅杂三《传》。其后胡安国撰《春秋传》，假经文以论时政，更不顾经传原意。明代以胡《传》列入《五经大全》，其书大行，至清乾隆时始废。

# 晋楚城濮之战 注一

《左氏传》

楚子将围宋，使子文治军于睽，终朝而毕，不戮一人。子玉复治兵于蒍，终日而毕，鞭七人，贯三人耳。国老皆贺子文，子文饮之酒。蒍贾尚幼，后至，不贺。子文问之，对曰："不知所贺。子之传政于子玉，曰：'以靖国也。'靖诸内而败诸外，所获几何？子玉之败，子之举也，举以败国，将何贺焉？子玉刚而无礼，不可以治民，过三百乘，其不能以入矣。苟入而贺，何后之有？"

冬，楚子及诸侯围宋，宋公孙固如晋告急。先轸曰："报施救患，取威定霸，于是乎在矣。"狐偃曰："楚始得曹，而新昏于卫，若伐曹卫，楚必救之，则齐宋免矣。"于是乎蒐于被庐，作三军，谋元帅。赵衰曰："郤縠可。臣亟闻其言矣，说礼乐而敦诗书。诗书，义之府也；礼乐，德之则也；德义，利之本也。《夏书》曰：'赋

注一　节选自《左传·僖公二十七年》和《僖公二十八年》。标题著者所拟。

纳以言，明试以功，车服以庸。’君其试之。”乃使郤縠将中军，郤溱佐之；使狐偃将上军，让于狐毛而佐之；命赵衰为卿，让于栾枝、先轸，使栾枝将下军，先轸佐之；荀林父御戎，魏犨为右。

晋侯始入而教其民，二年，欲用之。子犯曰：“民未知义，未安其居。”于是乎出定襄王，入务利民，民怀生矣。将用之。子犯曰：“民未知信，未宣其用。”于是乎伐原以示之信。民易资者不求丰焉，明征其辞。公曰：“可矣乎？”子犯曰：“民未知礼，未生其共。”于是乎大蒐以示之礼，作执秩以正其官。民听不惑，而后用之。出穀戍，释宋围，一战而霸，文之教也。

二十八年，春，晋侯将伐曹，假道于卫，卫人弗许。还，自河南济。侵曹伐卫。正月戊申，取五鹿。二月，晋郤縠卒。原轸将中军，胥臣佐下军，上德也。晋侯、齐侯盟于敛盂。卫侯请盟，晋人弗许。卫侯欲与楚，国人不欲，故出其君以说于晋。卫侯出居于襄牛。

公子买戍卫，楚人救卫，不克。公惧于晋，杀子丛以说焉。谓楚人曰：“不卒戍也。”

晋侯围曹，门焉，多死。曹人尸诸城上，晋侯患之，听舆人之谋曰：“称舍于墓。”师迁焉，曹人凶惧，为其所得者棺而出之。因其凶也而攻之。三月丙午，入曹。数之，以其不用僖负羁而乘轩者三百人也，且曰："献状。"令无入僖负羁之宫而免其族，报施也。魏犨、颠颉怒曰："劳之不图，报于何有？"爇僖负羁氏。魏犨伤于胸，公欲杀之而爱其材，使问，且视之。病，将杀之。魏犨束胸见使者曰："以君之灵，不有宁也。"距跃三百，曲踊三百。乃舍之。杀颠颉以徇于师，立舟之侨以为戎右。

宋人使门尹般如晋师告急。公曰："宋人告急，舍之则绝，告楚不许。我欲战矣，齐秦未可，若之何？"先轸曰："使宋舍我而赂齐秦，藉之告楚。我执曹君，而分曹卫之田以赐宋人。楚爱曹卫，必不许也。喜赂怒顽，能无战乎？"公说。执曹伯，分曹卫之田以畀宋人。

楚子入居于申，使申叔去穀，使子玉去宋，曰："无从晋师。晋侯在外十九年矣，而果得晋国。险阻艰难，备尝之矣；民之情伪，尽知之矣。天假之年，而除其害。天之所置，其可废乎？《军志》曰：'允当则归。'又曰：'知难而退。'又曰：'有德不可敌。'此三志者，晋之谓矣。"子玉使伯棼请战，曰："非敢必有功也，愿以间执谗慝之口。"王怒，少与之师，唯西广、东宫与若敖之六卒实从之。

子玉使宛春告于晋师曰："请复卫侯而封曹，臣亦释宋之围。"子犯曰："子玉无礼哉！君取一，臣取二，不可失矣。”先轸曰：“子与之。定人之谓礼，楚一言而定三国，我一言而亡之，我则无礼，何以战乎？不许楚言，是弃宋也，救而弃之，谓诸侯何？楚有三施，我有三怨。怨仇已多，将何以战？不如私许复曹卫以携之，执宛春以怒楚，既战而后图之。”公说，乃拘宛春于卫，且私许复曹卫。曹卫告绝于楚。

子玉怒，从晋师。晋师退。军吏曰：“以君辟臣，辱也。且楚师老矣，何故退？”子犯曰：“师直为壮，曲为老，岂在久乎？微楚之惠不及此，退三舍辟之，所以报也。背惠食言，以亢其仇，我曲楚直，其众素饱，不可谓老。我退而楚还，我将何求。若其不还，君退臣犯，曲在彼矣。”退三舍。楚众欲止，子玉不可。

夏，四月戊辰，晋侯、宋公、齐国归父、崔夭、秦小子慭次于城濮。楚师背酅而舍。晋侯患之，听舆人之诵曰：“原田每每，舍其旧而新是谋。”公疑焉。子犯曰：“战也！战而捷，必得诸侯；若其不捷，表里山河，必无害也。”公曰：“若楚惠何？”栾贞子曰：“汉阳诸姬，楚实尽之。思小惠而忘大耻，不如战也。”晋侯梦与楚子搏，楚子伏己而盬其脑，是以惧。子犯曰：“吉！我得天，楚伏其罪，吾且柔之矣。”

子玉使鬬勃请战，曰：“请与君之士戏，君冯轼而观之，得臣与寓目焉。”晋侯使栾枝对曰：“寡君闻命矣。楚君之惠，未之敢忘，是以在此。为大夫退，其敢当君乎？既不获命矣，敢烦大夫谓二三子：‘戒尔车乘，敬尔君事，诘朝将见。’”

晋车七百乘，韅靷鞅靽。晋侯登有莘之虚以观师，曰：“少长有礼，其可用也。”遂伐其木以益其兵。

己巳，晋师陈于莘北，胥臣以下军之佐当陈蔡。子玉以若敖之六卒将中军，曰：“今日必无晋矣。”子西将左，子上将右。胥臣蒙马以虎皮，先犯陈蔡。陈蔡奔，楚右师溃。狐毛设二旆而退之。栾枝使舆曳柴而伪遁，楚师驰之。原轸、郤溱以中军公族横击之，狐毛、狐偃以上军夹攻子西，楚左师溃。楚师败绩。子玉收其卒而止，故不败。

晋师三日馆谷，及癸酉而还。甲午，至于衡雍，作王宫于践土。

乡役之三月，郑伯如楚致其师，为楚师既败而惧，使子人九行成于晋。晋栾枝入盟郑伯。五月丙午，晋侯及郑伯盟于衡雍。

丁未，献楚俘于王，驷介百乘，徒兵千。郑伯傅王，用平礼也。己酉，王享醴，命晋侯宥。王命尹氏及王子虎、内史叔兴父策命晋侯为侯伯，赐之大辂之服，戎辂之服，彤弓一，彤矢百，玈弓矢千，秬鬯一卣，虎贲三百人，曰：“王谓叔父：‘敬服王命，以绥四国，纠逖王慝。'"晋侯三辞，从命，曰："重耳敢再拜稽首，奉扬天子之丕显休命。"受策以出，出入三觐。

卫侯闻楚师败，惧，出奔楚，遂适陈，使元咺奉叔武以受盟。癸亥，王子虎盟诸侯于王庭，要言曰："皆奖王室，无相害也。有渝此盟，明神殛之！俾队其师，无克祚国，及而玄孙，无有老幼。"君子谓是盟也信，谓晋于是役也能以德攻。

初，楚子玉自为琼弁玉缨，未之服也。先战，梦河神谓己曰："畀余，余赐女孟诸之麋。"弗致也。大心与子西使荣黄谏，弗听。荣季曰："死而利国，犹或为之，况琼玉乎？是粪土也，而可以济师，将何爱焉？"弗听。出告二子曰："非神败令尹，令尹其不勤民，实自败也。"既败，王使谓之曰："大夫若入，其若申、息之老何？"子西、孙伯曰："得臣将死。二臣止之曰：'君其将以为戮。'"及连穀而死。晋侯闻之而后喜可知也，曰："莫余毒也已！芀吕臣实为令尹，奉己而已，不在民矣。"

# 宋人及楚人平 注一

《公羊传》

外平不书，此何以书？大其平乎已也。何大其平乎已？庄王围宋，军有七日之粮尔，尽此不胜，将去而归尔。于是使司马子反乘堙而窥宋城，宋华元亦乘堙而出见之。司马子反曰："子之国何如？"华元曰："惫矣！"曰："何如？"曰："易子而食之，析骸而炊之。"司马子反曰："嘻，甚矣惫！虽然，吾闻之也，围者，柑马而秣之，使肥者应客，是何子之情也？"华元曰："吾闻之，君子见人之厄则矜之，小人见人之厄则幸之。吾见子之君子也，是以告情于子也。"司马子反曰："诺。勉之矣！吾军亦有七日之粮尔，尽此不胜，将去而归尔。"揖而去之，反于庄王。庄王曰："何如？"司马子反曰："惫矣！"曰："何如？"曰："易子而食之，析骸而炊之。"庄王曰："嘻，甚矣惫！虽然，吾今取此，然后而归尔。"司马子反曰："不可！臣

注一　节选自《公羊传·宣公十五年》。系解释《春秋》夏五月纪事"宋人及楚人平"。标题著者所拟。

已告之矣，军有七日之粮尔。”庄王怒曰：“吾使子往视之，子曷为告之？”司马子反曰：“以区区之宋，犹有不欺人之臣，可以楚而无乎？是以告之也。”庄王曰：“诺。舍而止。虽然，吾犹取此，然后归尔。”司马子反曰：“然则君请处于此，臣请归尔。”庄王曰：“子去我而归，吾孰与处于此？吾亦从子而归尔。”引师而去之。故君子大其平乎己也。此皆大夫也，其称人何？贬，曷为贬？平者在下也。

## 虞师晋师灭夏阳 注一

《穀梁传》

非国而曰灭，重夏阳也。虞无师，其曰师，何也？以其先晋，不可以不言师也。其先晋，何也？为主乎灭夏阳也。夏阳者，虞虢之塞邑也。灭夏阳，而虞虢举矣。虞之为主乎灭夏阳，何也？晋献公欲伐虢，荀息曰："君何不以屈产之乘，垂棘之璧，而借道乎虞也？"公曰："此晋国之宝也，如受吾币而不借吾道，则如之何？"荀息曰："此小国之所以事大国也。彼不借吾道，必不敢受吾币。如受吾币而借吾道，则是我取之中府，而藏之外府，取之中厩，而置之外厩也。"公曰："宫之奇存焉，必不使受之也。"荀息曰："宫之奇之为人也，达心而懦，又少长于君。达心则其言略，懦则不能强谏，少长于君，则君轻之。且夫玩好在耳目之前，而患在一国之后，此中知以上乃能虑之，臣料虞君，中知以下也。"公遂借道而伐虢。宫之奇谏曰：

注一　节选自《穀梁传·僖公二年》。系解释《春秋》夏五月辛巳纪事"虞师、晋师灭夏阳"。标题著者所拟。

“晋国之使者，其辞卑而币重，必不便于虞。”虞公弗听，遂受其币而借之道。宫之奇谏曰：“语曰：‘唇亡则齿寒。’其斯之谓与！”挈其妻子以奔曹。献公亡虢，五年而后举虞。荀息牵马操璧而前曰：“璧则犹是也，而马齿加长矣。”

# 第七节 《论语》与《孝经》

## 【《论语》是什么】

《论语》的名称，开始于孔子弟子撰集的时候。王充以为孔安国授鲁人扶卿，始名《论语》。但在两汉时代，或单称为《论》，或单称为《语》，或别称为《传》，或别称为《记》，或详称为《论语说》，颇不一其辞。汉以后，《论语》名称的使用始渐确定。

汉初的《论语》，计有三种：一为《鲁论》，鲁人所学，凡二十篇，就是现行《论语》所根据之本。二为《齐论》，齐人所学，凡二十二篇，多《问王》、《知道》二篇，即二十篇中的章句，也较《鲁论》为多。三为《古论》，得自孔壁，凡二十一篇，分《尧曰》下半篇为《从政》篇，篇次亦不与《齐论》、《鲁论》相同。

## 【现行本《论语》的内容】

现行的《论语》凡二十篇，为《学而》、《为政》、《八佾》、《里仁》、《公冶长》、《雍也》、《述而》、《泰伯》、《子罕》、《乡党》、《先进》、《颜渊》、《子路》、《宪问》、《卫灵公》、《季氏》、《阳货》、《微子》、《子张》及《尧曰》。《论语》的作者是谁呢？《汉书·艺文志》说："《论语》者，孔子应答弟子时人，及弟子相与言，而接闻夫子之语也。当时弟子各有所记。夫子既卒，门人相与辑而论纂，故谓之曰《论语》。"郑玄以为仲弓、子游、子夏等所撰；柳宗元以为曾子弟子所作；程颐以为曾子、有子的弟子所论撰；永亨以为出于闵氏。

## 【《论语》学的派别】

《论语》学在西汉时代已有今、古文的派别。《鲁论》、《齐论》属今文；《古论》属古文。传《鲁论》的有龚奋、夏侯建诸人；传《齐论》的有王吉、宋畸诸人；传《古论》的相传有孔安国，曾为撰《训解》。其后张禹混合《齐》、《鲁》，成为《张侯论》；马融亦为《古论》作注。汉末，郑玄以《张侯论》为本，参以《齐论》、《古论》而为之注，盛行于时。三国时，王肃撰《论语解》，故意与郑《注》立异。晋代王弼亦注《论语》；何晏诸人又杂采汉魏经师八家之说，成《论语集解》，流传至今。梁皇侃作《论语义疏》。宋儒邢昺撰《论语正义》，即根据皇《疏》，剪其枝蔓，傅以义理，为汉、宋学转变期的作品。及南宋朱熹出，辑集宋儒十一家的学说，撰《论语集注》，尤见盛行。清人撰注，以焦循《论语通释》及刘宝楠《论语正义》最为精审。

## 【《孝经》是什么】

诸经中本来称为经的，只有《孝经》一书。为什么叫《孝经》呢？孝是“事亲之名”，经是“常行之典”，总括说起来，乃是示人以事亲的常典的书。在诸经中字数亦最少，据郑耕老的计算，全书只有一千九百另三字。

这本小小的经书，它的版本却有四种之多。一为今文本，凡十八篇，现在通行的《十三经注疏》本，即据此本。二为古文本，凡二十二篇，出于孔壁，在南朝梁时已亡佚。三为隋代所得的古文本，附有孔安国《传》，本为王肃伪作，由王劭送给刘炫，始显于世，故亦有人以为即刘炫伪作；今亦亡佚。四为清代所得的日本古文本及孔《传》，都诞妄不可据，现在尚存。

《孝经》的作者为谁？各家所言殊不一致。最要者有六说：

一、以为孔子所作，班固、郑玄等主此说。二、以为曾参所作，司马迁有此说。三、以为曾子弟子所作，晁公武、王应麟主此说。四、以为曾子弟子子思作，冯椅有此说。五、以为七十子之徒所作，毛奇龄主此说。六、以为汉儒伪作，姚际恒主此说。

## 【通行本《孝经》的内容】

通行之《孝经》为今文本，凡分十八章，为《开宗明义章》、《天子章》、《诸侯章》、《卿大夫章》、《士章》、《庶人章》、《三才章》、《孝治章》、《圣治章》、《纪孝行章》、《五刑章》、《广要道章》、《广至德章》、《广扬名章》、《谏诤章》、《感应章》、《事君章》及《丧亲章》。古文《孝经》则为二十二章，《庶人章》分为二，《圣治章》分为三，又多《闺门》一章；文字异者亦有四百余。《孝经》全书所述，为自天子至庶人事亲的孝道，故历来学者均视为人生必读之书。

## 【《孝经》学的派别】

《孝经》学分今、古文学与宋学三派：《孝经》的传注，最早的为魏文侯《孝经传》。西汉时，传今文的有长孙氏、江翁、后苍、翼奉、张禹五家，传古文的仅为孔安国。东汉时，有郑注《今文孝经》出现，或云郑玄注，或云非是。《古文孝经》有马融为之注，至梁而亡。隋王孝逸得伪《古文孝经孔传》，由王劭示刘炫，炫为撰《孝经述义》。其后《今文孝经》经唐玄宗二度为之注，并诏元行冲撰疏。宋邢昺《孝经注疏》即以行冲《疏》为蓝本，今列为《十三经注疏》之一。伪《古文孝经孔传》因而渐亡。宋儒治《孝经》，多改窜经文，重分章节。朱熹信《古文孝经》，撰有《孝经刊误》，分为经一章，传十四章，删改旧文二百二十三字。元吴澄则信《今文孝经》，撰《孝经章句》，仿朱熹方法，分为经一章，传十二章。清乾隆间，汪翼沧自日本得《古文孝经孔传》本，学者多以为伪中之伪，不之重视。

# 侍坐章 注一

《论语》

子路、曾皙、冉有、公西华侍坐。子曰："以吾一日长乎尔，毋吾已也。居则曰：'不吾知也。'如或知尔，则何以哉？"子路率尔而对曰："千乘之国，摄乎大国之间，加之以师旅，因之以饥馑，由也为之，比及三年，可使有勇，且知方也。"夫子哂之。"求，尔何如？"对曰："方六七十，如五六十，求也为之，比及三年，可使足民。如其礼乐，以俟君子。""赤，尔何如？"对曰："非曰能之，愿学焉。宗庙之事，如会同，端章甫，愿为小相焉。""点，尔何如？"鼓瑟希，铿尔，舍瑟而作，对曰："异乎三子者之撰！"子曰："何伤乎？亦各言其志也。"曰："莫春者，春服既成，冠者五六人，童子六七人，浴乎沂，风乎舞雩，咏而归。"夫子喟然叹曰："吾与点也！"三子者出，曾皙后。曾皙曰："夫三子者之言何如？"子曰："亦各言其志也已矣。"曰："夫子何哂由也？"曰："为国以礼，其言不

注一　节选自《论语·先进》。标题著者所拟。

让，是故哂之。”“唯求则非邦也与？”“安见方六七十，如五六十，而非邦也者？”“唯赤则非邦也与？”“宗庙会同，非诸侯而何？赤也为之小，孰能为之大？”

## 开宗明义章

《孝经》

仲尼居，曾子侍。子曰：“先王有至德要道，以顺天下，民用和睦，上下无怨。汝知之乎？”曾子避席曰：“参不敏，何足以知之？”子曰：“夫孝，德之本也，教之所由生也。复坐，吾语女。身体发肤，受之父母，不敢毁伤，孝之始也。立身行道，扬名于后世，以显父母，孝之终也。夫孝始于事亲，中于事君，终于立身。《大雅》云：‘无念尔祖，聿修厥德。’”

# 习 题 一

1. 经的范围怎样?

2. 通常所称五经、六经、九经、十三经为哪几种经?

3. 经学上的派别是根据什么来分的?

4.《易经》是一部什么书? 以什么为基础?

5.《周易》的内容怎样?

6.《易》学分为哪几派?

7.《书经》是一部什么性质的书?

8. 孔安国分《书经》为哪六体?

9.《尚书》学的派别有几?

10. 孔子与《诗经》的关系有哪一说?

11.《诗经》的内容分为哪几类?

12. 朱熹对于《诗经》有什么特别的见解?

13. 三《礼》系指何书? 礼字作何解释?

14.《周礼》的作者为谁?

15.《仪礼》有何异名，它有哪几种本子?

16.《礼记》的内容怎样?

17. 三《礼》的学派如何？

18.《春秋》为什么叫《春秋》？

19. 三《传》的作者为谁？

20.《春秋》学的派别如何？

21.《论语》有何异名？

22.《论语》学的派别怎样？

23.《孝经》有哪几种版本？

24. 今存《孝经》源于经学哪一派？

# 第二章 子学

## 第一节 | 总论

### 【子是什么】

子是诸子的简称。子字的最初意义，依《说文解字》，本为人类的通称。后来引申为人之嘉称，如称有德的人叫君子；王肃又以为有德有爵之通称，如古时士大夫通称曰子。古时政教合一，师即是官，因称师为子或夫子。到了后来，学术由私家传授，于是弟子便以子字题他所奉老师的著作。这是子书名称的由来。

子书大都不出于一人之手，亦非作于一时。所以清人孙星衍说："凡称子书，都非自著。"至以诸子并提，则始于《庄子·天下篇》、《荀子·非十二子篇》；各家并提，则始于司马谈《论六家要指》。刘歆作《七略》，辑子书为一略，即名《诸子略》；于是创子学研究的雏形，而诸子之名亦成立。

## 【诸子的来源】

凡是一种学术的产生，必有它的来源。诸子虽所包甚广，派别纷歧，但也都有来源可循。自来研究诸子来源的，共有两种主张：一种主张出于王官；一种主张救世之弊。以为出于王官的为《汉书·艺文志》，它把诸子分为十家，而各系以说：

儒家 "出于司徒之官"。"祖述尧舜，宪章文武，宗师仲尼"。有晏子等五十三家。

道家 "出于史官"。"清虚以自守，卑弱以自持"。有伊尹等三十七家。

阴阳家 "出于羲和之官"。"敬顺昊天，历象日月星辰，敬授民时"。有宋司星子韦等二十一家。

法家 "出于理官"。"信赏必罚，以辅礼制"。有李悝等十家。

名家 "出于礼官"。"古者名位不同，礼亦异数"。有邓析等七家。

墨家 "出于清庙之守"。主"贵俭"，"兼爱"，"上贤"，

"右鬼","非命","上同"。有尹佚等六家。

纵横家 "出于行人之官"。"使于四方……受命而不受辞"。有苏秦等十二家。

杂家 "出于议官"。"兼儒、墨,合名、法"。有孔甲等二十家。

农家 "出于农稷之官"。"播百谷,劝耕桑,以足衣食"。有神农等九家。

小说家 "出于稗官"。"街谈巷语,道听涂说者之所造也"。有伊尹等十五家。

主张救世之弊的为淮南王刘安,他在《淮南子·要略》里说:

"纣为天子,赋敛无度,杀戮无止……作为炮烙之刑,刳谏者,剔孕妇,天下同心而苦之……文王欲以卑弱制强暴,以为天下去残除贼而成王道,故太公之谋生焉。"

"周公继文王之业……辅翼成王。惧争道之不塞……故纵马华山,放牛桃林,败鼓折枹,搢笏而朝……孔子修成康之道,述周公之训,以教七十子,使服其衣冠,修其篇籍,故儒者之学生焉。"

"墨子学儒者之业……以为其礼烦扰而不悦,厚葬靡财而贫民,久服伤生而害事,故背周道而用夏政……故节财、薄葬、闲服生焉。"

"齐桓公之时,天子卑弱,诸侯力征,南夷北狄,交伐中国……（齐国）地狭田少，而民多智巧。桓公……欲以存亡继绝，崇天子之位，广文武之业，故管子之书生焉。”

“齐景公内好声色，外好狗马……故晏子之谏生焉。”

“晚世之时，六国诸侯……力征争权，胜者为右，恃连与，约重致，剖信符，结远援，以守其国家……故纵横修短生焉。”

“韩，晋别国也……晋国之故礼未灭，韩国之新法重出，先君之令未收，后君之令又下，新故相反，前后相缪，百官背乱，不知所用，故刑名之书生焉。”

“秦国之俗，贪狼强力，寡义而趋利，可威以刑，而不可化以善，可劝以赏，而不可厉以名……故商鞅之法生焉。”

这二种说法究竟哪一种对呢？吕思勉以为，“天下无无根之物；使诸子之学，前无所承，周、秦之际，时势虽亟，何能发生如此高深之学术？天下亦无无缘之事；使非周、秦间之时势有以促成之，则古代混而未分之哲学，何由推衍之于各方面，而成今诸子之学乎？”所以他以为二说都是对的。但胡适著《诸子不出于王官论》，却极反对《汉志》之说。

## 【诸子的派别】

诸子派别，说者纷歧，究竟有几，迄无定论。《庄子·天下篇》所论列，计凡五家，并己而六：一为墨翟、禽滑釐；二为宋钘、尹文；三为彭蒙、田骈、慎到；四为关尹、老聃；五为庄周自己；六为惠施。《荀子·非十二子》则分六家为十二家：一为它嚣、魏牟；二为陈仲、史鳍；三为墨翟、宋钘；四为慎到、田骈；五为惠施、邓析；六为子思、孟轲。司马迁《史记·太史公自序》述他的父亲谈论六家要指，亦分为六家：一为阴阳家；二为儒家；三为墨家；四为名家；五为法家；六为道德家。正式以儒、墨、道、法等名以名各家派别的不同，肇始于此。其后班固《汉书·艺文志》本刘歆《七略》，立《诸子略》为一门，分为儒、道、阴阳、法、名、墨、纵横、杂、农、小说十家。其中除小说家外，亦称九流。

《汉志》以后，诸史多有《艺文志》，《隋书》及《旧唐书》则名《经籍志》。《隋志》所录子部，分为十四类，为儒、道、法、名、墨、纵横、杂、农、小说、兵、天文、历数、五行及医方。两《唐书志》则分为十七类，为儒、道、法、名、墨、纵横、杂、农、小说、天文、历算、兵书、五行、杂艺术、类书、经脉及医术。《宋志》亦分类为十七，与两《唐书志》仅有一二名目上的不同。至清人辑《四库全书》，所收更富，但仅分为十四类，为儒、兵、法、农、医、天文算法、术数、艺术、谱录、杂、类书、小说、释及道。上列诸家所分，渐超出于子的本来意义的范围，故子学家都不之从。

本书所叙，依司马谈所分为主，但其中阴阳家无书可见，而且后来也没有人作专门的研究，所以把它省去。

# 第二节 | 儒家

## 【儒与儒家】

儒本来是术士的通称，术士即学道之士。《周官·大宰》"儒以道得名"[注一]，与师对举，疏称"儒，有道德有道术者之通名"。师既与儒并言，则儒本为掌教育的人，就是以六艺教人的保氏。因为孔门专传六艺之学，故遂加以儒家的称号。

孔门教育，分为四科。孔子尝称："德行：颜渊、闵子骞、冉

注一　引用有误，《周礼》"名"原作"民"。疏亦无下引一句。

伯牛、仲弓。言语：宰我、子贡。政事：冉有、季路。文学：子游、子夏。”照这样看来，在孔子之时，儒家已分为四派。《韩非子·显学篇》以为，孔子死后，儒分为八：“有子张之儒，有子思之儒，有颜氏之儒，有孟氏之儒，有漆雕氏之儒，有仲良氏之儒，有孙氏之儒，有乐正氏之儒。”这八派的书，都已不传。实际上只有孟、荀二家，始为孔门之两大宗派。

## 【儒家的著作】

《汉书·艺文志》所载周秦儒家，凡三十家，其目如下：《晏子》八篇，《子思》二十三篇，《曾子》十八篇，《漆雕子》十三篇，《宓子》十六篇，《景子》三篇，《世子》二十一篇，《魏文侯》六篇，《李克》七篇，《公孙尼子》二十八篇，《孟子》十一篇，《孙卿子》三十三篇，《芈子》十八篇，《内业》十五篇，《周史六弢》六篇，《周政》六篇，《周法》九篇，《谰言》十篇，《功议》四篇，《甯越》一篇，《王孙子》一篇，《公孙固》一篇，《李氏春秋》二篇，《羊子》四篇，《董子》一篇，《俟子》一篇，《徐子》四十二篇，《鲁仲连子》十四篇，《平原君》七篇，《虞氏春秋》十五篇。此三十家中，存于今者仅《晏子》、《孟子》、《荀子》三家，《子思》、《曾子》则仅存残余，其余都已亡佚。

后人因《晏子》中多诋毁孔子之言，疑《汉志》列入儒家为不当。不知儒家之教，以五伦为基本，以礼乐为工具。周公制礼作乐，千古莫与之比，故为儒家所肇始。晏子、孔子同为祖述儒家，而晏子非孔，正同孟、荀二子同尊孔子而荀子非孟一样。或以晏子列入墨家，因晏子学说中，主张爱民、非战、尚贤、尚俭数点，与墨子相同。殊不知晏子又主崇礼、非鬼，其说根本与墨家相反，而与儒家却全同。且他的爱民、非战、尚贤、尚俭诸说，与儒家亦不相背，故以列入儒家为妥。

## 【晏子】

晏子名婴，字平仲，莱之夷维人。事齐灵公、庄公、景公，以节俭力行重于齐。《史记》称他“既相齐，食不重肉，妾不衣帛。其在朝，君语及之，即危言；语不及之，即危行。国有道，即顺命；无道，即衡命。以此三世显名于诸侯”。可见他是一个言行相顾的人，足为儒家的模范。他死后，其客哀之，集其行事成书，名为《晏子》。

《晏子》一名《晏子春秋》，篇目如下：《内篇谏上》第一、《内篇谏下》第二、《内篇问上》第三、《内篇问下》第四、《内篇杂上》第五、《内篇杂下》第六、《外篇重而异者》第七、《外篇不合经术者》第八。后人以篇为卷，又合《杂》上下二篇为一，故或作七卷。研究《晏子》的最佳本，当推刘师培《晏子春秋补释》。

## 【孟子】

属于孔子一派的儒家，自以孟、荀二子为大家。孟子名轲，字子舆（一作子车），驺人，受业于子思的门人。他好称尧、舜，学孔子，道性善，言仁义，尊王贱霸，贵民轻君。时天下方专务合从连衡，以攻伐为贤，故历事齐、梁之君而道不行。乃退而与万章、公孙丑诸徒，序《诗》、《书》，作《孟子》七篇。孟子之学亦主中庸，而气质稍偏于刚，故他反对异派，辞严理逊。如斥墨为无父，斥杨为无君，斥许行为相率为伪，斥张仪为妾妇之道，言多不合论理。但他的说时君，以民事、民贵为本，以仁政、王道为归，以善战、罔利为戒，蔼然仁者之言，实胜于孔子之尊君与重阶级，所以近世学者还很称道他。

《孟子》七篇，每篇又分上下，首《梁惠王》，次《公孙丑》，再次为《滕文公》、《离娄》、《万章》、《告子》及《尽心》。其书司马迁、赵岐皆谓孟子所自作；吴姚信、韩愈以为孟子的门弟子所作；阎若璩以为孟子自作，而经门弟子的叙定；林之奇则以为孟子的门弟子所作，而且杂有再传的门弟子的记录。《孟子》本书，经宋人列入经籍，为十三经之一。注本甚多，以焦循《孟子正义》为最精，以朱熹《孟子集注》为最便诵习。

## 【荀子】

荀子名况，时人尊称曰卿，故曰荀卿，或作孙卿，荀孙乃一音之转。他是赵国人，年五十，始游齐，继适楚。春申君以为兰陵令。他就在那里著书数万言而卒。他的学说本宗孔子，故"诵说王道以仁义礼乐为归，以笃学隆师为方，以正名化性为本，以治气养心为守"。但他主张性恶，法后王，与孟子道性善、称尧舜的观点不同；又斥子思、孟子出语太偏激，故甚为后世儒家之徒所反对。苏轼至以李斯曾从受业，因以乱秦之罪加在他的身上，那真不免所谓深文周纳了！

《汉志》著《孙卿子》三十三篇，据王应麟考证，谓当作三十二篇。今本的三十二篇目次，为《劝学》、《修身》、《不苟》、《荣辱》、《非相》、《非十二子》、《仲尼》、《儒效》、《王制》、《富国》、《王霸》、《君道》、《臣道》、《致士》、《议兵》、《强国》、《天论》、《正论》、《礼论》、《乐论》、《解蔽》、《正名》、《性恶》、《君子》、《成相》、《赋》、《大略》、《宥坐》、《子道》、《法行》、《哀公》及《尧问》。据刘向《校书序录》，向原校定本为十二卷，题曰《新书》。杨倞复分易旧第，编为二十卷，且为之注，又更《新书》之名为《荀子》，即今行本是。王先谦复据杨注本为之集解，成为最精而最便诵习之本。

# 晏子使楚 注一

《晏子春秋》

晏子使楚，以晏子短，楚人为小门于大门之侧而延晏子。晏子不入，曰："使狗国者，从狗门入；今臣使楚，不当从此门入。"傧者更道从大门入，见楚王。王曰："齐无人耶？"晏子对曰："临淄三百闾，张袂成帷，挥汗成雨，比肩继踵而在，何为无人？"王曰："然则子何为使乎？"晏子对曰："齐命使，各有所主。其贤者使使贤王，不肖者使使不肖王，婴最不肖，故直使楚矣。"

注一　选自《晏子春秋·内篇杂下》。原题《晏子使楚楚为小门晏子称使狗国者入狗门》。

## 性　善 注一

《孟子》

告子曰："性，犹杞柳也；义，犹杯棬也。以人性为仁义，犹以杞柳为杯棬。"孟子曰："子能顺杞柳之性而以为杯棬乎？将戕贼杞柳而后以为杯棬也？如将戕贼杞柳而以为杯棬，则亦将戕贼人以为仁义与？率天下之人而祸仁义者，必子之言夫！"

告子曰："性，犹湍水也，决诸东方则东流，决诸西方则西流。人性之无分于善不善也，犹水之无分于东西也。"孟子曰："水信无分于东西，无分于上下乎？人性之善也，犹水之就下也。人无有不善，水无有不下。今夫水搏而跃之，可使过颡；激而行之，可使在山，是岂水之性哉？其势则然也。人之可使为不善，其性亦犹是也。"

告子曰："生之谓性。"孟子曰："生之谓性也，犹白之谓白与？"曰："然。""白羽之白也，犹白雪之白，白雪之白，犹白玉之白欤？"曰："然。""然则犬之性，

注一　节选自《孟子·告子上》。标题著者所拟。

犹牛之性；牛之性，犹人之性欤？”

告子曰：“食色，性也。仁，内也，非外也；义，外也，非内也。”孟子曰：“何以谓仁内义外也？”曰：“彼长而我长之，非有长于我也；犹彼白而我白之，从其白于外也，故谓之外也。”曰：“异于白马之白也，无以异于白人之白也。不识长马之长也，无以异于长人之长欤？且谓长者义乎？长之者义乎？”曰：“吾弟则爱之，秦人之弟则不爱也，是以我为悦者也，故谓之内。长楚人之长，亦长吾之长，是以长为悦者也，故谓之外也。”曰：“耆秦人之炙，无以异于耆吾炙。夫物则亦有然者也，然则耆炙亦有外欤？”

孟季子问公都子曰：“何以谓义内也？”曰：“行吾敬，故谓之内也。”“乡人长于伯兄一岁，则谁敬？”曰：“敬兄。”“酌则谁先？”曰：“先酌乡人。”“所敬在此，所长在彼，果在外，非由内也。”公都子不能答，以告孟子。孟子曰：“敬叔父乎，敬弟乎？彼将曰：‘敬叔父。’曰：‘弟为尸，则谁敬？’彼将曰：‘敬弟。’子曰：‘恶在其敬叔父也？’彼将曰：‘在位故也。’子亦曰：‘在位故也。’庸敬在兄，斯须之敬在乡人。”季子闻之曰：“敬叔父则敬，敬弟则敬，果在外，非由内也。”公都子曰：“冬日则饮汤，夏日则饮水，然则饮食亦在外也。”

公都子曰："告子曰：'性无善无不善也。'或曰：'性可以为善，可以为不善。是故文武兴则民好善，幽厉兴则民好暴。'或曰：'有性善，有性不善。是故以尧为君而有象，以瞽瞍为父而有舜，以纣为兄之子，且以为君，而有微子启、王子比干。'今曰性善，然则彼皆非欤？"孟子曰："乃若其情，则可以为善矣，乃所谓善也。若夫为不善，非才之罪也。恻隐之心，人皆有之；羞恶之心，人皆有之；恭敬之心，人皆有之；是非之心，人皆有之。恻隐之心，仁也；羞恶之心，义也；恭敬之心，礼也；是非之心，智也。仁、义、礼、智，非由外铄我也，我固有之也，弗思耳矣。故曰求则得之，舍则失之。或相倍蓰而无算者，不能尽其才者也。《诗》云：'天生蒸民，有物有则。民之秉彝，好是懿德。'孔子曰：'为此诗者，其知道乎！'故有物必有则，民之秉彝也，故好是懿德。"

# 性　恶 注一

荀况

人之性恶，其善者伪也。今人之性，生而有好利焉，顺是，故争夺生而辞让亡焉；生而有疾恶焉，顺是，故残贼生而忠信亡焉；生而有耳目之欲，有好声色焉，顺是，故淫乱生而礼义文理亡焉。然则从人之性，顺人之情，必出于争夺，合于犯分乱理，而归于暴。故必将有师法之化，礼义之道，然后出于辞让，合于文理，而归于治。用此观之，然则人之性恶明矣，其善者伪也。故枸木必将待檃栝、烝、矫然后直，钝金必将待砻、厉然后利。今人之性恶，必将待师法然后正，得礼义然后治。今人无师法，则偏险而不正；无礼义，则悖乱而不治。古者圣王以人之性恶，以为偏险而不正，悖乱而不治，是以为之起礼义，制法度，以矫饰人之情性而正之，以扰化人之情性而导之也。始皆出于治，合于道者也。今之人，化师法，积文学，道礼义者，为君子；纵性情，安恣睢，而违礼义者，为小人。用此观

注一　节选自《荀子·性恶》。

之，然则人之性恶明矣，其善者伪也。孟子曰："人之学者，其性善。"曰：是不然，是不及知人之性，而不察乎人之性、伪之分者也。凡性者，天之就也，不可学，不可事；礼义者，圣人之所生也，人之所学而能，所事而成者也。不可学，不可事而在人者，谓之性；可学而能，可事而成之在人者，谓之伪。是性、伪之分也。今人之性，目可以见，耳可以听。夫可以见之明不离目，可以听之聪不离耳，目明而耳聪，不可学明矣。孟子曰："今人之性善，将皆失丧其性故也。"曰：若是，则过矣。今人之性，生而离其朴，离其资，必失而丧之。用此观之，然则人之性恶明矣。所谓性善者，不离其朴而美之，不离其资而利之也。使夫资朴之于美，心意之于善，若夫可以见之明不离目，可以听之聪不离耳，故曰目明而耳聪也。今人之性，饥而欲饱，寒而欲暖，劳而欲休，此人之情性也。今人饥，见长而不敢先食者，将有所让也；劳而不敢求息者，将有所代也。夫子之让乎父，弟之让乎兄；子之代乎父，弟之代乎兄，此二行者，皆反于性而悖于情也。然而孝子之道，礼义之文理也。故顺情性则不辞让矣，辞让则悖于情性矣。用此观之，然则人之性恶明矣，其善者伪也。

问者曰："人之性恶，则礼义恶生？"应之曰：凡礼义者，是生于圣人之伪，非故生于人之性也。故陶人埏埴而为器，然则器生于工人之伪，非故生于人之性也。故工人斫木而成器，然则器生于工人之伪，非故生于人之性也。圣人积思虑，习伪故，以生礼义而起法度，然则礼义法度者，是生于圣人之伪，非故生于人之性也。若夫目好色，耳好声，口好味，心好利，骨体肤理好愉佚，是皆生于人之情性者也，感而自然，不待事而后生之者也。夫感而不能然，必且待事而后然者，谓之生于伪。是性、伪之所生，其不同之征也。故圣人化性而起伪，伪起而生礼义，礼义生而制法度。然则礼义法度者，是圣人之所生也。故圣人之所以同于众，其不异于众者，性也；所以异而过众者，伪也。夫好利而欲得者，此人之情性也。假之人有弟兄资财而分者，且顺情性，好利而欲得，若是，则兄弟相拂夺矣；且化礼义之文理，若是，则让乎国人矣。故顺情性则弟兄争矣，化礼义则让乎国人矣。凡人之欲为善者，为性恶也。夫薄愿厚，恶愿美，狭愿广，贫愿富，贱愿贵，苟无之中者，必求于外；故富而不愿财，贵而不愿执，苟有之中者，必不及于外。用此观之，人之欲为善者，为性恶也。今人之性，固无礼义，故强学而求有之也；性不知礼义，故思虑而求知之也。然则生而已，则人无礼义，不知礼义。人无礼义则乱，不知礼义则悖。然则生而已，则悖乱在己。用此观之，人之性恶明矣，其善者伪也。

孟子曰："人之性善。"曰：是不然。凡古今天下之所谓善者，正理平治也；所谓恶者，偏险悖乱也。是善恶之分也已。今诚以人之性固正理平治邪？则有恶用圣王，恶用礼义矣哉？虽有圣王礼义，将曷加于正理平治也哉？今不然，人之性恶。故古者圣人以人之性恶，以为偏险而不正，悖乱而不治，故为之立君上之执以临之，明礼义以化之，起法正以治之，重刑罚以禁之，使天下皆出于治，合于善也。是圣王之治，而礼义之化也。今当试去君上之执，无礼义之化，去法正之治，无刑罚之禁，倚而观天下民人之相与也，若是，则夫强者害弱而夺之，众者暴寡而哗之，天下之悖乱而相亡，不待顷矣。用此观之，然则人之性恶明矣，其善者伪也。故善言古者必有节于今，善言天者必有征于人。凡论者，贵其有辨合，有符验，故坐而言之，起而可设，张而可施行。今孟子曰"人之性善"，无辨合符验，坐而言之，起而不可设，张而不可施行，岂不过甚矣哉！故性善则去圣王，息礼义矣；性恶则与圣王，贵礼义矣。故檃栝之生，为枸木也；绳墨之起，为不直也；立君上，明礼义，为性恶也。用此观之，然则人之性恶明矣，其善者伪也。直木不待檃栝而直者，其性直也；枸木必将待檃栝、烝、矫然后直者，以其性不直也。今人之性恶，必将待圣王之治，礼义之化，然后皆出于治，合于善也。用此观之，然则人之性恶明矣，其善者伪也。

## 第三节 | 道 家

### 【道与道家】

道家之名，依司马谈《论六家要指》，应作道德家。江瑔以为道乃道术之通称，诸子百家皆为道，故不得独举以目老、庄之徒。但陈柱以为道家出于史，史为道术的总归，故道家为道术的全部，诸子为道术的一部；全部可以括道，一部不足以括道，故仅道家可名曰道。

道家托始于黄帝，故黄、老并称，其来源在诸子中为最先。大概自黄帝以后老子以前二千年中，只有道家之学，历久不衰。

其他各家均产生于春秋战国之际，皆在道家之后。然同为道家，老、庄亦不同派，故《庄子·天下篇》列关尹、老聃为一派，而庄周自为一派。

## 【道家的著作】

《汉书·艺文志》所录周秦道家的书，有《伊尹》五十一篇；《太公》二百三十七篇，《谋》八十一篇，《言》七十一篇，《兵》八十五篇；《辛甲》二十九篇；《鬻子》二十二篇；《管子》八十六篇；《老子邻氏经传》四篇；《傅氏经说》三十七篇；《徐氏经说》六篇；刘向《说老子》四篇[注一]；《文子》九篇；《蜎子》十三篇；《关尹子》九篇；《庄子》五十二篇；《列子》八篇；《老成子》十八篇；《长卢子》九篇；《王狄子》一篇；《公子牟》四篇；《田子》二十五篇；《老莱子》十六篇；《黔娄子》四篇；《宫孙子》二篇；《鹖冠子》一篇；《周训》十四篇；《黄帝四经》四篇；《黄帝铭》六篇；《黄帝君臣》十篇；《杂黄帝》五十八篇；《力牧》二十二篇；《孙子》十六篇；《捷子》二篇；《郑长者》一篇；《楚子》三篇[注二]。凡三十三家。此三十三家之书，今已无一全存者。今本《管子》、《庄子》均为残存之书；《老子》已不详为何氏本；《鬻

注一　刘向汉人，其书不当谓周秦间道家著作。
注二　著者未提及之《臣君子》二篇，姚振宗《汉书艺文志条理》以为亦似是周秦六国时著作。

子》、《文子》、《关尹子》、《列子》、《鹖冠子》皆为伪本[注一]；余皆亡佚不存。

## 【管子】

管子名夷吾，字仲，春秋齐颍上人。初事齐公子纠。纠死于鲁，他归齐，桓公以为上卿，号曰仲父，遂助桓公富国强兵，攘夷狄，尊周室，九合诸侯，一匡天下，完成霸业。卒，谥敬子。他在道家中属于有为一派，故其思想偏重于政与法方面，《七略》因之把他列入法家。但他所言之法，不独与韩非不同，即与较近之商鞅亦不同。商则纯乎霸功，他犹参以王道；商之变法，大反乎周制，他惟取周制而变通之。所以他不是个严而少思的法学家，而是实践力行的政治家。宋晁公武说他："谨政令，通商贾，均力役，尽地利，既为富强，又颇以礼义廉耻化其国俗。"最能得其真相。但《管子》中所言，各家都有，颇不纯粹。或以为宜列入杂家，这是不明道家的一派，本来无所不包的缘故。

《管子》原本凡八十六篇，计《经言》九篇，《外言》八篇，《内言》九篇，《短语》十八篇，《区言》五篇，《杂篇》十三篇，《管子解》五篇，《管子轻重》十九篇。今本已在梁隋时亡去《谋

注一　今日学界以为并非全系伪书。

失》等十篇，宋时亡去《王言》一篇，凡十一篇。其中《封禅》一篇，由后人采《史记·封禅书》补入，不是原文。版本以清戴望的校本为最精。今人颜吕峣有校释本，未刊，不知内容如何。

## 【老子】

老子姓李名耳，字伯阳，一字聃，楚国苦县厉乡曲仁里人。曾做过周室守藏室之史，故孔子向之问礼。《史记》称他“修道德，其学以自隐无名为务。居周久之，见周之衰，迺遂去。至关，关令尹喜曰：‘子将隐矣，强为我著书。’于是老子迺著书上下篇，言道德之意五千余言而去，莫知其所终”。老子法自然，主无为，以卑弱自处，所以他对于政治的主张，主愚民，用权术，与儒家之主教化、以至诚完全相反。

今本《老子》二卷，分为《道经》与《德经》，凡八十一章，五千七百四十八言。老子书的称经，实始于汉景帝的时候，景帝因黄、老之书义理深奥，故改子为经。至唐代，因同姓的关系，高宗封老子为玄元皇帝，其书尤见尊重。古来为之注者甚多，《道藏》所收，几及五十家。但通行本仅有河上公注及王弼注二家，河上公注为伪书，每章所加题目，尤为近俗。今人陈柱精于《老子》学的研究，所著书很多，他的《老子集训》一书，集古来注释的大成，尤便于学子的研诵。

## 【庄子】

庄子名周，宋国蒙县人。他曾做蒙漆园吏，和梁惠王、齐宣王同时。于学无所不窥，要其本，则归之于老子之言。著书凡十余万言，大抵以寓言为多，而诋訾孔子之徒，其所言洸洋自恣，故荀子诋为“猾稽乱俗”。当时自王公大人以下，都不器重他。独楚威王闻其贤，使人以厚币往迎，许以为相。他笑对使者道：“千金，重利；卿相，尊位也。子独不见郊祭之牺牛乎？养食之数岁，衣以文绣，以入太庙。当是之时，虽欲为孤豚，岂可得乎？子亟去，无污我。我宁游戏污渎之中自快，无为有国者所羁，终身不仕，以快吾志焉。”从这一段话里，可见庄子处世哲学的一斑。

今本《庄子》仅三十三篇，较之《汉志》所称少十九篇。五十二篇有司马彪及孟氏注本，今已佚失。三十三篇有郭象注本，分《内》、《外》、《杂》三篇，最为通行。三篇中《内篇》包含《逍遥游》、《齐物论》、《养生主》、《人间世》、《德充符》、《大宗师》、《应帝王》七篇，《外篇》包含《骈拇》、《马蹄》、《胠箧》、《在宥》、《天地》、《天道》、《天运》、《刻意》、《缮性》、《秋水》、《至乐》、《达生》、《山木》、《田子方》、《知北游》十五篇，《杂篇》包含《庚桑楚》、《徐无鬼》、《则阳》、《外物》、《寓言》、《让王》、《盗跖》、《说剑》、《渔父》、《列御寇》、《天下》十一篇。其中《内篇》七篇，说者多以为真是庄子的作品，大致可信，但也有后人加入的话。至《外篇》、《杂篇》，则都非自作。其书亦名《南华真经》，注释本甚多，《道藏》所收，多至十余种。其中最便研习者，为郭庆藩的《庄子集释》，王先谦的《庄子集解》；二书一详而备，一简而要，各有所长。

## 水地篇[注一]

《管子》

地者，万物之本原，诸生之根菀也，美恶贤不肖愚俊之所生也。水者，地之血气，如筋脉之通流者也。故曰：水具材也。何以知其然也？曰：夫水，淖弱以清，而好洒人之恶，仁也。视之黑而白，精也。量之不可使概，至满而止，正也。唯无不流，至平而止，义也。人皆赴高，己独赴下，卑也。卑也者，道之室，王者之器也，而水以为都居。准也者，五量之宗也。素也者，五色之质也。淡也者，五味之中也。是以水者，万物之准也，诸生之淡也，违非得失之质也。是以无不满，无不居也。集于天地，而藏于万物，产于金石，集于诸生，故曰水神。集于草木，根得其度，华得其数，实得其量。鸟兽得之，形体肥大，羽毛丰茂，文理明著。万物莫不尽其几，反其常者，水之内度适也。夫玉之所贵者，九德出焉。夫玉，温润以泽，仁也。邻以理者，知也。坚而不蹙，义也。廉而不刿，行也。鲜而不垢，洁

注一　选自《管子·短语》。

也。折而不挠，勇也。瑕适皆见，精也。茂华光泽，并通而不相陵，容也。叩之其音清搏彻远，纯而不杀，辞也。是以人主贵之，藏以为实，剖以为符瑞，九德出焉。人，水也。男女精气合而水流形。三月而咀，咀者何？曰：五味。五味者何？曰：五藏。酸主脾，咸主肺，辛主肾，苦主肝，甘主心。五藏已具，而后生肉。脾生隔，肺生骨，肾生脑，肝生革，心生肉。五肉已具，而后发为九窍。脾发为鼻，肝发为目，肾发为耳，肺发为口，心发为下窍。五月而成，十月而生。生而目视，耳听，心虑。目之所以视，非特山陵之见也，察于荒忽。耳之所听，非特雷鼓之闻也，察于淑湫。心之所虑，非特知于麤粗也，察于微眇，故修要之精。是以水集于玉，而九德出焉。凝蹇而为人，而九窍五虑出焉。此乃其精也。粗浊蹇，能存而不能亡者也。

伏暗能存而能亡者，蓍龟与龙是也。龟生于水，发之于火，于是为万物先，为祸福正。龙生于水，被五色而游，故神。欲小则化如蚕蠋，欲大则藏于天下，欲上则凌于云气，欲下则入于深泉。变化无日，上下无时，谓之神。龟与龙，伏暗能存而能亡者也。

或世见，或世不见者，生蟡与庆忌。故涸泽数百岁，谷之不徙，水之不绝者，生庆忌。庆忌者，其状若人，其长四寸。衣黄衣，冠黄冠，戴黄盖，乘小马，好疾驰。以其名呼之，可使千里外，一日反报。此涸泽之精也。涸川之精者生于蟡。蟡者，一头而两身，其形若蛇，其长八尺。以其名呼之，可以取鱼鳖。此涸川水之精也。

是以水之精粗浊蹇，能存而不能亡者，生人与玉。伏暗能存而能亡者，蓍龟与龙。或世见或不见者，蟡与庆忌。故人皆服之，而管子则之。人皆有之，而管子以之。

是故具者何也？水是也。万物莫不以生，唯知其托者能为之正。具者，水是也。故曰：水者何也？万物之本原也，诸生之宗室也，美恶贤不肖愚俊之所产也。何以知其然也？夫齐之水，道躁而复，故其民贪粗而好勇。楚之水淖弱而清，故其民轻果而贼。越之水浊重而洎，故其民愚疾而垢。秦之水泔最而稽，淤滞而杂，故其民贪戾，罔而好事齐。晋之水枯旱而运，淤滞而杂，故其民谄谀葆诈，巧佞而好利。燕之水萃下而弱，沉滞而杂，故其民愚戆而好贞，轻疾而易死。宋之水轻劲而清，故其民闲易而好正。是以圣人之化世也，其解在水。故水一则人心正，水清则民心易。一则欲不污，民心易则行无邪。是以圣人之治于世也，不人告也，不户说也，其枢在水。

# 老子道德经（节选）注一

孔德之容，惟道是从。道之为物，惟恍惟惚。惚兮恍兮，其中有象；恍兮惚兮，其中有物。窈兮冥兮，其中有精，其精甚真，其中有信。自古及今，其名不去，以阅众甫。吾何以知众甫之状哉？以此。

有物混成，先天地生。寂兮寥兮，独立不改，周行而不殆，可以为天下母。吾不知其名，字之曰道，强为之名曰大。大曰逝，逝曰远，远曰反。故道大，天大，地大，王亦大。域中有四大，而王居其一焉。人法地，地法天，天法道，道法自然。

道可道，非常道；名可名，非常名。无，名天地之始；有，名万物之母。故常无，欲以观其妙；常有，欲以观其徼。此两者同出而异名，同谓之玄。玄之又玄，众妙之门。

三十辐共一毂，当其无，有车之用。埏埴以为器，当其无，有器之用。凿户牖以为室，当其无，有室之

注一　见通行本《老子》第二十一、二十五、一、十一、十八、十九、二十八、三十八、三、五十七各章。

用。故有之以为利，无之以为用。

大道废，有仁义；慧智出，有大伪；六亲不和，有孝慈；国家昏乱，有忠臣。

绝圣弃智，民利百倍；绝仁弃义，民复孝慈；绝巧弃利，盗贼无有。此三者以为文不足，故令有所属。见素抱朴，少私寡欲，绝学无忧注一。

知其雄，守其雌，为天下谿。为天下谿，常德不离，复归于婴儿。知其白，守其黑，为天下式。为天下式，常德不忒，复归于无极。知其荣，守其辱，为天下谷。为天下谷，常德乃足，复归于朴。朴散则为器，圣人用之则为官长，故大制不割。

上德不德，是以有德；下德不失德，是以无德。上德无为而无以为，下德为之而有以为。上仁为之而无以为，上义为之而有以为。上礼为之而莫之应，则攘臂而扔之。故失道而后德，失德而后仁，失仁而后义，失义而后礼。夫礼者，忠信之薄，而乱之首。前识者，道之华，而愚之始。是以大丈夫处其厚，不居其薄，处其实，不居其华。故去彼取此。

不尚贤，使民不争；不贵难得之货，使民不为盗；

注一　此四字传世分章诸本皆在下章（第二十章）之首，学者多认为当属第十九章之末，著者亦然。

不见可欲，使民心不乱。是以圣人之治，虚其心，实其腹，弱其志，强其骨。常使民无知无欲，使夫智者不敢为也。为无为，则无不治。

天下多忌讳[注一]，而民弥贫；民多利器，国家滋昏；人多伎巧，奇物滋起；法令滋彰，盗贼多有。故圣人云：我无为而民自化，我好静而民自正，我无事而民自富，我无欲而民自朴。

注一　此句之前，通行本有“以正治国，以奇用兵，以无事取天下。吾何以知其然哉？以此”数句，俞樾以为当属上章（第五十六章），著者可能参考了俞氏。高明据帛书本等认为通行本分章不误，唯衍“以此”二字。

# 逍遥游[注一]

《庄子》

北冥有鱼，其名为鲲。鲲之大，不知其几千里也。化而为鸟，其名为鹏。鹏之背，不知其几千里也。怒而飞，其翼若垂天之云。是鸟也，海运则将徙于南冥。南冥者，天池也。《齐谐》者，志怪者也。《谐》之言曰："鹏之徙于南冥也，水击三千里，抟扶摇而上者九万里，去以六月息者也。"野马也，尘埃也，生物之以息相吹也。天之苍苍，其正色邪？其远而无所至极邪？其视下也，亦若是则已矣。且夫水之积也不厚，则其负大舟也无力。覆杯水于坳堂之上，则芥为之舟，置杯焉则胶，水浅而舟大也。风之积也不厚，则其负大翼也无力。故九万里，则风斯在下矣，而后乃今培风。背负青天而莫之夭阏者，而后乃今将图南。蜩与学鸠笑之曰："我决起而飞，枪榆枋，时则不至，而控于地而已矣，奚以之九万里而南为？"适莽苍者，三餐而反，腹犹果然；适百里者宿舂粮；适千里者三月

注一　选自《庄子·内篇》。

聚粮。之二虫又何知？小知不及大知，小年不及大年。奚以知其然也？朝菌不知晦朔，蟪蛄不知春秋，此小年也。楚之南有冥灵者，以五百岁为春，五百岁为秋；上古有大椿者，以八千岁为春，八千岁为秋。而彭祖乃今以久特闻，众人匹之，不亦悲乎！汤之问棘也是已。穷发之北有冥海者，天池也。有鱼焉，其广数千里，未有知其修者，其名为鲲。有鸟焉，其名为鹏，背若泰山，翼若垂天之云，抟扶摇羊角而上者九万里，绝云气，负青天，然后图南，且适南冥也。斥鴳笑之曰："彼且奚适也？我腾跃而上，不过数仞而下，翱翔蓬蒿之间，此亦飞之至也。而彼且奚适也？"此小大之辩也。

故夫知效一官，行比一乡，德合一君，而征一国者，其自视也亦若此矣。而宋荣子犹然笑之。且举世而誉之而不加劝，举世而非之而不加沮，定乎内外之分，辩乎荣辱之境，斯已矣。彼其于世，未数数然也。虽然，犹有未树也。夫列子御风而行，泠然善也，旬有五日而后反。彼于致福者，未数数然也。此虽免乎行，犹有所待者也。若夫乘天地之正，而御六气之辩，以游无穷者，彼且恶乎待哉！故曰：至人无己，神人无功，圣人无名。

尧让天下于许由，曰："日月出矣，而爝火不息，其于光也，不亦难乎？时雨降矣，而犹浸灌，其于泽也，不亦劳乎？夫子立而天下治，而我犹尸之，吾自视缺然，请致天下。”许由曰：“子治天下，天下既已治也，而我犹代子，吾将为名乎？名者，实之宾也，吾将为宾乎？鹪鹩巢于深林，不过一枝；偃鼠饮河，不过满腹。归休乎君，予无所用天下为！庖人虽不治庖，尸祝不越樽俎而代之矣。”

肩吾问于连叔曰：“吾闻言于接舆，大而无当，往而不返。吾惊怖其言，犹河汉而无极也。大有径庭，不近人情焉。”连叔曰：“其言谓何哉？”曰：“‘藐姑射之山，有神人居焉，肌肤若冰雪，淖约若处子，不食五谷，吸风饮露，乘云气，御飞龙，而游乎四海之外。其神凝，使物不疵疠而年谷熟。’吾以是狂而不信也。”连叔曰：“然。瞽者无以与乎文章之观，聋者无以与乎钟鼓之声。岂唯形骸有聋盲哉！夫知亦有之。是其言也，犹时女也。之人也，之德也，将旁礴万物以为一世蕲乎乱，孰弊弊焉以天下为事！之人也，物莫之伤，大浸稽天而不溺，大旱、金石流、土山焦而不热。是其尘垢秕糠，将犹陶铸尧舜者也，孰肯以物为事！宋人资章甫而适诸越，越人断发文身，无所用之。尧治天下之民，平海内之政，往见四子藐姑射之山，汾水之阳，窅然丧其天下焉。”

惠子谓庄子曰："魏王贻我大瓠之种，我树之成而实五石，以盛水浆，其坚不能自举也。剖之以为瓢，则瓠落无所容。非不呺然大也，吾为其无用而掊之。"庄子曰："夫子固拙于用大矣。宋人有善为不龟手之药者，世世以洴澼统为事。客闻之，请买其方百金。聚族而谋曰：'我世世为洴澼统，不过数金。今一朝而鬻技百金，请与之。'客得之，以说吴王。越有难，吴王使之将，冬与越人水战，大败越人，裂地而封之。能不龟手，一也；或以封，或不免于洴澼统，则所用之异也。今子有五石之瓠，何不虑以为大樽，而浮乎江湖，而忧其瓠落无所容？则夫子犹有蓬之心也夫！"

惠子谓庄子曰："吾有大树，人谓之樗。其大本拥肿而不中绳墨，其小枝卷曲而不中规矩，立之涂，匠者不顾。今子之言，大而无用，众所同去也。"庄子曰："子独不见狸狌乎？卑身而伏，以候敖者；东西跳梁，不辟高下。中于机辟，死于罔罟。今夫斄牛，其大若垂天之云。此能为大矣，而不能执鼠。今子有大树，患其无用，何不树之于无何有之乡，广莫之野，彷徨乎无为其侧，逍遥乎寝卧其下。不夭斤斧，物无害者，无所可用，安所困苦哉！"

## 第四节 | 法 家

### 【法与法家】

法字历来都解作刑罚之义，然而法家的要旨，却在于怎样使刑罚之权不坠。古时礼、法并称，二者实相贯通。至管仲主以法治国，法始专就刑罚言。然由此可见法家本起于礼，正和学校之内，先有种种应守的规则，而后乃有赏罚的规则一样。礼不足治，而后有法；礼流而为法，所以礼家流为法家，荀卿的门人李斯、韩非皆流而为法家了。

陈柱分法家为五派：一为尚实派，主重实业，如李悝尽地力之教，商君重农战之法，管仲兴鱼盐之利都是。二为尚法派，如商鞅是。三为尚术派，如申不害是。法与术的分别："术为主之所执，法为官之所司。"故法之作用在公开，术之作用在秘密。四为尚势派，如慎子是。慎子曾云："尧为匹夫，不能治三人；而桀为天子，能乱天下……由此观之，贤智未足以服众，而势位足以诎贤（者也）。"五为大成派，如韩非集诸派之大成是。

## 【法家的著作】

先秦法家的著作，据《汉志》所载，有如下的五家：《李子》、《商君》、《申子》、《慎子》、《韩子》注一。李子名悝，魏文侯相，所作《李子》三十二篇，隋时已佚亡，今存黄奭辑《李子法经》六篇，严可均辑李悝文三篇。申子名不害，韩昭侯相，所作《申子》六篇，宋时已佚亡，今存马国翰辑本一卷，凡二十四节，严可均辑本十三节。其他诸家，除《韩子》尚全存外，《商子》、《慎子》均有残缺。

## 【商子】

商子姓姬名鞅，本为卫国的庶孽公子，故称公孙鞅，亦称

注一 《汉书·艺文志》所列法家十家，《处子》九篇当亦为先秦著作。

卫鞅。后以佐秦有功，封于商，因称商君，亦称商鞅。初事魏相公叔痤为中庶子，痤临死，荐于惠王，王不能用，他遂去魏入秦。适孝公下令求强秦之策，与语大悦，任以为相。他乃行保甲，兴农事，废除封建，创立郡县，平均赋税，统一度量衡制，大变秦法。秦国大治。但他立法严格，贵族平民犯法，同样处以刑罚，于是卒因太子犯法，刑其师傅，招了怨恨。一旦太子即位，遂以叛国罪加在他身上，他欲避无门，终至被执，车裂而死。后世因称他的死为殉法。

商君治秦的根本方法，在于变法。他以为“法者，君臣之所共操也”，所以他的法是极平等而须共同遵守的。他因为要法生效，所以主重刑；但他因为要君臣对法共同负责任，所以又主壹刑。这种方法，用之于像一盘散沙的国家，正是对症发药。但这种对于大多数有益的平等的法，不免有损少数特权阶级的威权，所以他终至坐是招尤而以身殉法。后人虽说他严而少恩，但他的平等观念和大无畏的精神是值得现代政治家效法的。

商君著作，《汉志·诸子略·法家》著录《商君》二十九篇，《兵书略》又著录《公孙鞅》二十七篇。今人王时润以为两书实即一书互见，不过篇目多寡微有不同；顾实却以为是两书。今本《商君书》存二十四篇，其中三篇专言兵事，其余也有涉及兵事的，可见两书确有相同的所在。二十四篇目为《更法》、《垦令》、《农战》、《去强》、《说民》、《算地》、《开塞》、《壹言》、《错法》、《战法》、《立本》、《兵守》、《靳令》、《修权》、《徕民》、《赏刑》、《画策》、《境内》、《弱民》、《外内》、《君臣》、《禁使》、《慎法》及《定分》。注解本有朱师辙《商君书解诂》，最为详确。

## 【慎子】

慎子名到，一作名滑厘，字到，战国赵人，或云齐之隐士。《史记》说他“学黄老道德之术”。齐宣王好文学游说之士，他和邹衍等七十六人，皆赐列第，为上大夫。尝仕楚，为顷襄王傅，以计却齐之索地。又尝为鲁将军，欲伐齐取南阳，时孟子亦在鲁，以为不可。慎子既学黄老之术，自当属之道家。然法家本出自道家，且为道家四派之一，所以说慎子属于道家固可，说他属于法家也未尝不可。《汉志》说他“先申、韩，申、韩称之”，可见他颇为后起的法家所重。慎子的根本思想，在“弃知去己，而缘不得已”，所以他对于政治，主张用无知的法治代有知的人治。而他的法，却不是商鞅一派的严而少恩的法，乃是因势利导之法，所以还未违失道家的根本主张——自然主义。

慎子的著作，《汉志》作四十二篇。因为《史记》说他“著十二论”，《意林》亦云十二卷，所以罗焌疑心《汉志》衍一四字。其书唐时尚存十卷，今仅存一卷，凡五篇。目为《威德》、《因循》、《民杂》、《德立》及《君人》。清严可均又从《群书治要》辑出七篇，与五篇本并见通行。近又有《四部丛刊》影印抄明本，分《内》、《外》二篇，末附《补遗》、《逸文》，内容较上述二本多出倍蓰，最为足本。王斯睿为作校正，后附《集说》一卷，更便诵习。

## 【韩子】

韩子名非，战国末韩国的疏属公子。为人口吃，不能道说，而善著书。与李斯俱事荀卿，斯自以为不如。时韩国日见削弱，非屡以书谏韩王，王不能用。他乃退而作《孤愤》、《五蠹》、《内外储说》、《说难》十余万言。秦王见其书，急攻韩以求非，韩乃遣非使秦。为李斯等所谗，下狱中，非欲见王自陈，不可得。斯又遗以药，遂自杀。他在法家中为集大成派，在昔商君主法，申不害主术，他便以为术者"主之所执"，法者"臣之所师"，"君无术，则蔽于上；臣无法，则乱于下"，二者须兼用。他又受荀卿性恶说的影响，以为人性都利己，故主以惨酷的法术治之，才有效力。所以他对于法，重严，谓严密；重必，谓必行；重一，谓统一。像这样的法，才是刑罚不中、令出不行、法律不公时代的对症发药，也正是当时一般人所求之不得的。

今本《韩非子》凡五十五篇，与《汉志》所称同。但第一篇《初见秦》，亦见《战国策》，乃是张仪说秦王的话，所以劝秦王攻韩，不知何故厕入此书。五十五篇之目为《初见秦》、《存韩》、《难言》、《爱臣》、《主道》、《有度》、《二柄》、《扬权》、《八奸》、《十过》、《孤愤》、《说难》、《和氏》、《奸劫弑臣》、《亡征》、《三守》、《备内》、《南面》、《饰邪》、《解老》、《喻老》、《说林上》、《说林下》、《观行》、《安危》、《守道》、《用人》、《功名》、《大体》、《内储说上》、《内储说下》、《外储说左上》、《左下》、《外储说右上》、《右下》、《难一》、《难二》、《难三》、《难四》、《难势》、《问辩》、《问田》、《定法》、《说疑》、《诡使》、《六反》、《八说》、《八经》、《五蠹》、《显学》、《忠孝》、《人主》、《饬令》、《心度》、《制分》。注释本以王先慎《韩非子集解》最通行，然不很精审。

# 更　法

《商子》

孝公平画，公孙鞅、甘龙、杜挚三大夫御于君，虑世事之变，讨正法之本，使民之道。君曰："代立不忘社稷，君之道也；错法务民主长，臣之行也。今吾欲变法以治，更礼以教百姓，恐天下之议我也。"公孙鞅曰："臣闻之：疑行无成，疑事无功。君亟定变法之虑，殆无顾天下之议之也。且夫有高人之行者，必见非于世；有独知之虑者，因见毁于民。语曰：'愚者暗于成事，智者见于未萌。民不可与虑始，可与乐成功。'郭偃之法曰：'论至德者，不和于俗；成大功者，不谋于众。'法者，所以爱民也；礼者，所以便事也。是以圣人苟可以强国，不法其故；苟可以利民，不循于礼。"孝公曰："善！"甘龙曰："不然。臣闻之：圣人不易民而教，智者不变法而治。因民而教者，不劳而功成；据法而治者，吏习而民安。今若变法，不循秦国之故，更礼以教民，臣恐天下之议君。愿孰察之。"公孙鞅曰："子之所言，世俗之言也。夫常人安于故习，学者溺于所闻。此两者，所以居官而守法，非所与论于法之外。

三代不同道而王，五霸不同法而霸。故知者作法，而愚者制焉；贤者更礼，而不肖者拘焉。拘礼之人，不足与言事；制法之人，不足与论变。君无疑矣。”杜挚曰：“臣闻之：利不百不变法，功不十不易器。臣闻法古无过，循礼无邪。君其图之。”公孙鞅曰：“前世不同教，何古之法？帝王不相复，何礼之循？伏羲、神农教而不诛，黄帝、尧、舜诛而不怒，及至文、武，各当时而立法，因事而制礼。礼法以时而定，制令各顺其宜，兵甲器备各便其用。臣故曰：治世不一道，便国不必古。汤、武之王也，不循古而兴；商、夏之灭也，不易礼而亡。然则反古者未必可非，循礼者未足多是也。君无疑矣。”孝公曰：“善！吾闻穷巷多吝，曲学多辩。愚者笑之，智者哀焉；狂夫之乐，贤者丧焉。拘世以之议，寡人不之疑矣。”于是遂出《垦草令》。

## 慎子·外篇（节选）

古之全大体者，望天地，观江海，因山谷，日月所照，四时所行，云布风动，不以智累心，不以私累己，寄治乱于法术，托是非于赏罚，属轻重于权衡；不逆天理，不伤情性，不吹毛而求小疵，不洗垢而察难知，不引绳之外，不推绳之内，不急法之外，不缓法之内，守成理，因自然，祸福生乎道法而不出于爱恶，荣辱之责在乎己而不在乎人。故至安之世，法如朝露，纯朴不散，心无结怨，口无烦言。故车马不疲弊于远路，旌旗不乱于大泽，万民不失命于寇戎，豪杰不著名于图书，不录功于盘盂，记名之牒空虚。故曰：利莫长于简，福莫久于安。

行高者人妒之，权重者主疑之，禄厚者人怨之。夫行益高者意益下，权益重者心益小，禄益厚者施益溥，修此三者人不怨。故老子曰："贵以贱为本，高以下为基。"

抑高而举下，损有余而补不足，天之道也。江海处地之不足，故天下之水归之。圣人谦卑清静者，见下也；虚心无有者，见不足也。见下故能致其高，见不足故能成其贤。矜者不立，奢者不长，强梁者死，满足者亡。飘风暴雨不终日，山谷不能须臾盈。

奢者富不足，俭者贫有余。奢者心常贫，俭者心常富。奢者好动，俭者好静。奢者好难，俭者好易。奢者好繁，俭者好简。奢者好骄淫，俭者好恬澹。

## 说难[注一]

《韩非子》

凡说之难，非吾知之有以说之难也；又非吾辩之能明吾意之难也；又非吾敢横失而能尽之难也。凡说之难，在知所说之心，可以吾说当之。所说出于为名高者也，而说之以厚利，则见下节而遇卑贱，必弃远矣。所说出于厚利者也，而说之以名高，则见无心而远事情，必不收矣。所说阴为厚利而显为名高者也，而说之以名高，则阳收其身而实疏之；说之以厚利，则阴用其言而显弃其身矣。此不可不察也。

夫事以密成，语以泄败。未必其身泄之也，而语及所匿之事，如此者身危。彼显有所出事，而乃以成他故，说者不徒知所出而已矣，又知其所以为，如此者身危。规异事而当，知者揣之外而得之，事泄于外，必以为己也，如此者身危。周泽未渥也，而语极知，说行而有功则德忘，说不行而有败则见疑，如此者身危。

注一　此文著者据《史记·老子韩非列传》过录，今据王先慎《韩非子集解》重排。

贵人有过端，而说者明言礼义以挑其恶，如此者身危。贵人或得计而欲自以为功，说者与知焉，如此者身危。强以其所不能为，止以其所不能已，如此者身危。故与之论大人，则以为间己矣；与之论细人，则以为卖重；论其所爱，则以为藉资；论其所憎，则以为尝己也；径省其说，则以为不智而拙之；米盐博辩，则以为多而交之；略事陈意，则曰怯懦而不尽；虑事广肆，则曰草野而倨侮。此说之难，不可不知也。

凡说之务，在知饰所说之所矜而灭其所耻。彼有私急也，必以公义示而强之。其意有下也，然而不能已，说者因为之饰其美而少其不为也。其心有高也，而实不能及，说者为之举其过而见其恶而多其不行也。有欲矜以智能，则为之举异事之同类者，多为之地；使之资说于我，而佯不知也以资其智。欲内相存之言，则必以美名明之，而微见其合于私利也。欲陈危害之事，则显其毁诽，而微见其合于私患也。誉异人与同行者，规异事与同计者。有与同污者，则必以大饰其无伤也；有与同败者，则必以明饰其无失也。彼自多其力，则毋以其难概之也；自勇其断，则无以其谪怒之；自智其计，则毋以其败穷之。大意无所拂悟，辞言无所系縻，然后极骋智辩焉。此道所得亲近不疑而得尽辞也。

伊尹为宰，百里奚为虏，皆所以干其上也。此二人者，皆圣人也，然犹不能无役身以进，如此其污也。今以吾言为宰虏，而可以听用而振世，此非能仕之所耻也。夫旷日弥久，而周泽既渥，深计而不疑，引争而不罪，则明割利害以致其功，直指是非以饰其身。以此相持，此说之成也。

昔者郑武公欲伐胡，故先以其女妻胡君以娱其意，因问于群臣："吾欲用兵，谁可伐者？"大夫关其思对曰："胡可伐。"武公怒而戮之，曰："胡，兄弟之国也，子言伐之何也？"胡君闻之，以郑为亲己，遂不备郑，郑人袭胡，取之。宋有富人，天雨墙坏，其子曰："不筑，必将有盗。"其邻人之父亦云。暮而果大亡其财。其家甚智其子，而疑邻人之父。此二人说者皆当矣，厚者为戮，薄者见疑，则非知之难也，处之则难也。故绕朝之言当矣，其为圣人于晋而为戮于秦也，此不可不察。

昔者弥子瑕有宠于卫君。卫国之法，窃驾君车者罪刖。弥子瑕母病，人闻，有夜告弥子，弥子矫驾君车以出。君闻而贤之，曰："孝哉！为母之故，忘其犯刖罪。"异日，与君游于果园，食桃而甘，不尽，以其半啖君。君曰："爱我哉！忘其口味，以啖寡人。"及弥子色衰爱弛，得罪于君，君曰："是固尝矫驾吾车，又尝啖我以余桃。”故弥子之行未变于初也，而以前之所以见贤而后获罪者，爱憎之变也。故有爱于主，则智当而加亲；有憎于主，则智不当见罪而加疏。故谏说谈论之士，不可不察爱憎之主而后说焉。

夫龙之为虫也，柔可狎而骑也；然其喉下有逆鳞径尺，若人有婴之者，则必杀人。人主亦有逆鳞，说者能无婴人主之逆鳞，则几矣。

# 第五节 | 名 家

## 【名与名家】

名字的本义，据《说文解字》，则是："名，自命也，从口、夕。夕者冥也，冥不相见，故以口自名。"人既以名自别，引而申之，万物本无名，无所分别，不得不为之制名。名定而万物有别；循名以责实，而万物乃藉以不乱。老子所谓"无名天地之始；有名万物之母"，孔子所谓"名不正则言不顺"，即属此意。

名家在先本非独立成家，仅为各家的附庸。如管子、韩非以法谈名；荀子以儒家谈名；墨子以墨家谈名；尸子、吕子以杂家谈名。至惠施、公孙龙辈出，始特重于名，贯彻初终，成一家之言，乃始有所谓名家。

## 【名家的著作】

《汉书·艺文志》列周秦名家凡七，为《邓析》二篇，《尹文子》一篇，《公孙龙子》十四篇，《成公生》五篇，《惠子》一篇，《黄公》四篇及《毛公》九篇。此七家中，前三家今尚有存书，后四家都已佚亡。但前三家中，《邓析》书可疑处甚多，《尹文子》则决为伪作，《公孙龙子》亦仅残存十之三四。所以名家的书，现在已无完全的原本可读。

## 【邓析子与尹文子】

邓析，郑人，与子产同时。刘向说他好刑名，“操两可之说，设无穷之辞”；《淮南子》说他“巧辩而乱法”。所以后来为子产所杀。今本《邓析子》亦为二篇，与《汉志》同，篇目为《无厚》与《转辞》。其文节次不相属，似为掇拾之本。吕思勉疑系南北朝时人采掇周秦古书，间窜己意而成。

尹文子，齐国人。《汉志》称他“说齐宣王，先公孙龙”；刘向说他与宋钘俱游稷下。他的主张，大半由道归于名、法，故亦可列入法家。他主正名定分，所以把名分做三种；以为名各有专，才可以定分。其书《汉志》称一篇，今本作《大道》上下二篇。罗膺中考证它原来就是一卷，本没有《大道》上下的分别。唐钺提出可疑之点十项，决定今本《尹文子》是伪书。

## 【公孙龙子】

公孙龙字子秉，赵人。以坚白之辩鸣于时。初为平原君门客，平原君信其说而加以厚待。后齐国使者邹衍过赵，平原君以问衍，衍以为有害大道，平原君遂黜去他。他又与魏国公子牟相友善，其说乃大行。公孙龙全部学说，可以白马、指物、通变、坚白四论包括它。白马、指物二论，离名实的连络；通变论离物质的连络；坚白论离知识的连络。换言之，他是用名学以破除世俗一切的常名，推翻世俗一切的常识。故《庄子》说他“饰人之心，易人之意，能胜人之口，不能服人之心”。

《公孙龙子》原有十四篇，今存六篇，为《迹府》、《白马论》、《指物论》、《通变论》、《坚白论》及《名实论》。姚际恒以其不载于《隋书·经籍志》，定今本为伪书。殊不知《隋志·道家》有《守白论》，即为本书的别名。今本的六篇，除《迹府篇》外，都为龙所自著。注解的本子很多，大约以王琯《公孙龙子悬解》及金受甲《公孙龙子释》为最精审。

# 无厚篇（节选）

《邓析子》

夫水浊则无掉尾之鱼，政苛则无逸乐之士，故令烦则民诈，政扰则民不定。不治其本而务其末，譬如拯溺锤之以石，救火投之以薪。

夫达道者，无知之道也，无能之道也。是知大道，不知而中，不能而成，无有而足，守虚责实，而万事毕。忠言于不忠，义生于不义。音肆而不收，谓之放；言出而不督，谓之暗。故见其象，致其形，循其理，正其名，得其端，知其情。若此何往不复，何事不成。有物者，意也；无外者，德也；有人者，行也；无人者，道也。故德非所履，处非所处，则失；道非其道不道，则谄。意无贤，虑无忠，行无道，言虚如受实，万事毕。

夫言荣不若辱，非诚辞也；得不若失，非实谈也。不进则退，不喜则忧，不得则亡，此世人之常。真人危斯十者，而为一矣。所谓大辩者，别天下之行，具天下之物，选善退恶，时措其宜，而功立德至矣。小辩则不然，别言异道，以言相射，以行相伐，使民不知其要，无他故焉，知浅故也。君子并物而错之，兼涂而用之，五味未尝而辨于口，五行在身而布于人。故无方之道不从，面从之义不行，治乱之法不用。惔然宽裕，荡然简易，略而无失，精详入纤微也。

夫舟浮于水，车转于陆，此自然道也。有不治者，知不豫焉。

夫木击折轊，水戾破舟，不怨木石，而罪巧拙，故不载焉。故有知则惑，有心则崄，有目则眩。是以规矩一而不易，不为秦楚缓节，不为胡越改容。一而不邪，方行而不流，一日形之，万世传之，无为为之也。

夫自见之明，借人见之，暗也；自闻之听，借人闻之，聋也。明君知此，则去就之分定矣。为君当若冬日之阳，夏日之阴，万物自归，莫之使也。恬卧而功自成，优游而政自治，岂在振目扼腕，手据鞭朴，而后为治欤？

夫事有合不合者，知与未知也。合而不结者，阳亲而阴疏。故远而亲者，志相应也；近而疏者，志不合也；就而不用者，策不得也；去而反求者，无违行也；近而不御者，心相乖也；远而相思者，合其谋也。故明君择人，不可不审；士之进趣，亦不可不详。

## | 大道下（节选）|

《尹文子》

仁义礼乐，名法刑赏，凡此八者，五帝三王治世之术也。故仁以道之，义以宜之，礼以行之，乐以和之，名以正之，法以齐之，刑以威之，赏以劝之。故仁者，所以博施于物，亦所以生偏私；义者，所以立节行，亦所以成华伪；礼者，所以行恭谨，亦所以生惰慢；乐者，所以和情志，亦所以生淫放；名者，所以正尊卑，亦所以生矜篡；法者，所以齐众异，亦所以乖名分；刑者，所以威不服，亦所以生陵暴；赏者，所以劝忠能，亦所以生鄙争。凡此八术，无隐于人而长存于世，非自显于尧汤之时，非自逃于桀纣之朝。用得其道，则天下治；失其道，则天下乱。过此而往，虽弥纶天地，笼络高品，治道之外，非群生所餐挹，圣人错而不言也。

凡国之存亡有六征：有衰国，有亡国，有昌国，有强国，有治国，有乱国。所谓乱亡之国者，凶虐残暴不与焉；所谓强治之国者，威力仁义不与焉。君年长，多妾媵，少子孙，疏宗族，衰国也。君宠臣，臣爱君，公法废，私欲行，乱国也。国贫小，家富大，君权轻，臣势重，亡国也。凡此三征，不待凶虐残暴而后弱也，虽曰见存，吾必谓之亡者也。内无专宠，外无近习，支庶繁字，长幼不乱，昌国也。农桑以时，仓廪充实，兵甲劲利，封疆修理，强国也。上不胜其下，下不犯其上，上下不相胜犯，故禁令行，人人无私，虽经险易而国不可侵，治国也。凡此三征，不待威力仁义而后强，虽曰见弱，吾必谓之存者也。

治主之兴，必有所先诛。先诛者，非谓盗，非谓奸。此二恶者，一时之大害，非乱政之本也。乱政之本，下侵上之权，臣用君之术，心不畏时之禁，行不轨时之法，此大乱之道也。

# 白马论

《公孙龙子》

白马非马，可乎？曰：可。曰：何哉？曰：马者，所以命形也；白者，所以命色也。命色者非命形也。故曰白马非马。

曰：有白马，不可谓无马也。不可谓无马者，非马也？有白马为有马，白之非马，何也？曰：求马，黄黑马皆可致；求白马，黄黑马不可致。使白马乃马也，是所求一也。所求一者，白者不异马也。所求不异，如黄黑马有可有不可何也？可与不可，其相非明。故黄黑马一也，而可以应有马，而不可以应有白马。是白马之非马，审矣。

曰：以马之有色为非马，天下非有无色之马也。天下无马，可乎？曰：马固有色，故有白马。使马无色，有马如已耳，安取白马？故白者非马也。白马者，马与白也，白与马也。故曰白马非马也。

曰：马未与白为马，白未与马为白。合马与白，复名白马。是相与以不相与为名，未可。故曰白马非马，未可。曰：以有白马为有马，谓有马为有黄马，可乎？曰：未可。曰：以有马为异有黄马，是异黄马于马也。异黄马于马，是以黄马为非马。以黄马为非马，而以白马有马，此飞者入池，而棺椁异处，此天下之悖言乱辞也。

曰：有白马不可谓无马者，离白之谓也。不离者，有白马不可谓无马也。故所以为有马者，以独马为有马耳，非有白马为有马。故其为有马也，不可以谓马马也。

曰：白者不定所白，忘之而可也。白马者言白，定所白也。定所白者非白也。马者无去取于色，故黄黑马皆所以应。白马者有去取于色，黄黑马皆以所色去，故唯白马独可以应耳。无去者非有去也。故曰白马非马。

# 第六节 | 墨家

## 【墨与墨家】

墨家的墨字，并不是指姓，乃是指学派的名称。墨本训黑，引申之为瘠墨，为绳墨，所以所谓墨，乃是垢而囚首，面目黧黑的意思。因为墨家之学出于夏禹，夏道尚质，禹尤以质著。孔子称禹“菲饮食”，“恶衣服”，“卑宫室”；《庄子》称禹“操稿耜”，“腓无胈，胫无毛，沐甚雨，栉疾风”；《列子》称禹“身体偏枯，手足胼胝”；吕不韦称禹“忧其黔首，颜色黎黑，窍藏不通，步不相过”。可见禹之为人，实尽俭苦之极。墨家巨子墨翟也以自苦为极，就是反对他的孟子也称他“摩顶放踵利天下，为之”。所以说墨学出于夏禹，决非无故。今人胡怀琛以印度人目墨子，把墨家好处一笔抹杀，亦浅之乎视墨子了。

墨家之学，至墨子而大成。但周成、康时有尹佚，著书二篇，《汉书·艺文志》亦列入墨家。可见墨家起源，远在墨子前数百年。

墨既为派名而非姓，何以墨家的墨翟可称墨子，而儒家的孔子不能称儒子，道家的老聃不能称道子？陈柱以为："墨之始固为学术之名，墨子喜其学，因以为姓。故既得名学术为墨家，亦得称其人为墨子。"此说甚当。

## 【墨家的派别与著作】

当墨子在时，墨学并不分派。墨子之后，才有派别可言。《庄子·天下篇》："相里勤之弟子五侯之徒，南方之墨者苦获、已齿、邓陵子之属，俱诵《墨经》……"顾实以为苦获等既为南方的墨者，相里勤的弟子及五侯之徒与之对称，当为北方的学者。由是言之，则当时墨家已分为南北二派。但据《韩非子》，则云："自墨子之死也，有相里氏之墨，有相夫氏之墨，有邓陵氏之墨"，"取舍相反不同"，而皆自谓真墨。据此，则当时之墨，又分为三派。俞樾以为今本《墨子》中《尚贤》、《尚同》、《兼爱》、《非攻》、《节用》、《节葬》等皆分为上中下三篇，字句小异，而大旨无殊，或即为此三派相传之本所合成。墨学既以振世救弊为主，后来又变为游侠一派。《韩非子》所谓“侠以武犯禁”，即指此派。故文字上的墨派虽今已消亡，而它在社会上的潜势力却永永不灭。

《汉书·艺文志》所收墨家所著书，计共六家，为《尹佚》二篇，《田俅子》三篇，《我子》一篇，《随巢子》六篇，《胡非子》三篇，《墨子》七十一篇。今前六家已佚，《墨子》亦为残存之书。但前六家中，除《我子》外，犹都有马国翰的辑本。

## 【墨子】

墨子名翟，姓墨氏。江瑔疑翟为其姓，而冠以所奉的学派，故曰墨翟，因当时确有此类似的称谓。他是鲁国人，仕宋为大夫。其年较后于孔子。公输般为楚造云梯，将以攻宋。墨子在鲁闻之，行十日十夜至郢，劝其止攻。二人因在楚王前较技，公输般九攻而墨子九拒，卒不能胜，遂罢攻。有弟子禽滑釐等三百人，奔人之难，虽蹈火不辞。

孙诒让以为，“其学务不侈于后世，不靡于万物，不晖于数度，以绳墨自矫而备世之急。作为《非乐》，命之曰《节用》，生不歌，死无服，泛爱兼利而非斗，好学而博，不异。又曰兼爱、尚贤、右鬼、非命。以为儒者礼烦扰而不说，厚葬靡财而贫民，久服伤生而害事，故背周道而用夏政。亦道尧舜。又善守御。

为世显学"注一。

《墨子》原为七十一篇，宋时亡八篇，为六十三篇。今仅存五十三篇，分为十五卷，其目为《亲士》、《修身》、《所染》、《法仪》、《七患》、《辞过》、《三辩》（以上为第一卷），《尚贤》上中下（以上为第二卷），《尚同》上中下（以上为第三卷），《兼爱》上中下（以上为第四卷），《非攻》上中下（以上为第五卷），《节用》上中、《节葬》下（以上为第六卷），《天志》上中下（以上为第七卷），《明鬼》下、《非乐》上（以上为第八卷），《非命》上中下、《非儒》下（以上为第九卷），《经》上下、《经说》上下（以上为第十卷），《大取》、《小取》、《耕柱》（以上为第十一卷），《贵义》、《公孟》（以上为第十二卷），《鲁问》、《公输》（以上为第十三卷），《备城门》、《备高临》、《备梯》、《备水》、《备突》、《备穴》、《备蛾傅》（以上为第十四卷），《迎敌祠》、《旗帜》、《号令》、《杂守》（以上为第十五卷）。其宗旨所在，见前三十余篇。自《经上》以下六篇，为名家言。《备城门》以下十一篇，为古兵家言。其注释本以孙诒让《墨子间诂》为最精。其言名学一部分，可读胡适《小取篇新诂》（载《胡适文存》）及梁启超《墨经校释》。

注一　此段引文系孙氏连缀《庄子·天下篇》、《淮南子·氾论训》《要略》、《韩非子·显学》、《史记·孟子荀卿列传》诸书论墨之言而成。

## 兼爱上

圣人以治天下为事者也，必知乱之所自起，焉能治之；不知乱之所自起，则不能治。譬之如医之攻人之疾者然，必知疾之所自起，焉能攻之；不知疾之所自起，则弗能攻。治乱者何独不然？必知乱之所自起，焉能治之；不知乱之所自起，则弗能治。

圣人以治天下为事者也，不可不察乱之所自起。当察乱何自起？起不相爱。臣子之不孝君父，所谓乱也。子自爱不爱父，故亏父而自利；弟自爱不爱兄，故亏兄而自利；臣自爱不爱君，故亏君而自利，此所谓乱也。虽父之不慈子，兄之不慈弟，君之不慈臣，此亦天下之所谓乱也。父自爱也不爱子，故亏子而自利；兄自爱也不爱弟，故亏弟而自利；君自爱也不爱臣，故亏臣而自利。是何也？皆起不相爱。虽至天下之为盗贼者亦然。盗爱其室，不爱异室，故窃异室以利其室；贼爱其身，不爱人身，故贼人身以利其身。此何也？皆起不相爱。虽至大夫之相乱家，诸侯之相攻国者亦然。大夫各爱其家，不爱异家，故乱异家以利其家；诸侯各爱其国，不爱异国，故攻异国以利其国。天下之乱物，具此而已矣。察此何自起？皆起不相爱。

若使天下兼相爱，爱人若爱其身，犹有不孝者乎？视父兄与君若其身，恶施不孝？犹有不慈者乎？视弟子与臣若其身，恶施不慈？故不孝不慈亡有。犹有盗贼乎？视人之室若其室，谁窃？视人身若其身，谁贼？故盗贼亡有。犹有大夫之相乱家，诸侯之相攻国者乎？视人家若其家，谁乱？视人国若其国，谁攻？故大夫之相乱家，诸侯之相攻国者亡有。若使天下兼相爱，国与国不相攻，家与家不相乱，盗贼无有，君臣父子皆能孝慈，若此，则天下治。故圣人以治天下为事者，恶得不禁恶而劝爱？故天下兼相爱则治，交相恶则乱。故子墨子曰：不可以不劝爱人者，此也。

## 非攻上

今有一人，入人园圃，窃其桃李，众闻则非之，上为政者得则罚之。此何也？以亏人自利也。至攘人犬豕鸡豚者，其不义又甚入人园圃窃桃李。是何故也？以亏人愈多，其不仁兹甚，罪益厚。至入人栏厩取人马牛者，其不义又甚攘人犬豕鸡豚。此何故也？以其亏人愈多。苟亏人愈多，其不仁兹甚，罪益厚。至杀不辜人也，扡其衣裘，取戈剑者，其不义又甚入人栏厩取人马牛。此何故也？以其亏人愈多。苟亏人愈多，其不仁兹甚矣，罪益厚。当此，天下之君子皆知而非之，谓之不义。今至大为攻国，则弗知非，从而誉之，谓之义。此可谓知义与不义之别乎？

杀一人谓之不义，必有一死罪矣。若以此说往，杀十人，十重不义，必有十死罪矣；杀百人，百重不义，必有百死罪矣。当此，天下之君子皆知而非之，谓之不义。今至大为不义攻国，则弗知非，从而誉之，谓之义。情不知其不义也，故书其言以遗后世。若知其不义也，夫奚说书其不义以遗后世哉？今有人于此，少见黑曰黑，多见黑曰白，则以此人不知白黑之辩矣；

少尝苦曰苦，多尝苦曰甘，则必以此人为不知甘苦之辩矣。今小为非，则知而非之；大为非攻国，则不知非，从而誉之，谓之义。此可谓知义与不义之辩乎？是以知天下之君子也，辩义与不义之乱也。

## 非乐上 注一

子墨子言曰：仁之事者，必务求兴天下之利，除天下之害，将以为法乎天下。利人乎即为，不利人乎即止。且夫仁者之为天下度也，非为其目之所美，耳之所乐，口之所甘，身体之所安，以此亏夺民衣食之财，仁者弗为也。

是故子墨子之所以非乐者，非以大钟鸣鼓琴瑟竽笙之声以为不乐也，非以刻镂文章之色以为不美也，非以犓豢煎炙之味以为不甘也，非以高台厚榭邃野之居以为不安也。虽身知其安也，口知其甘也，目知其美也，耳知其乐也，然上考之不中圣王之事，下度之不中万民之利，是故子墨子曰：为乐非也。

今王公大人虽无造为乐器，以为事乎国家，非直掊潦水，折壤坦而为之也，将必厚措敛乎万民，以为大钟鸣鼓琴瑟竽笙之声。古者圣王亦尝厚措敛乎万民，以为舟车，既以成矣，曰："吾将恶许用之？"曰："舟用之水，车用之陆，君子息其足焉，小人休其肩背

注一　此系节选。

焉。”故万民出财赍而予之，不敢以为戚恨者，何也？以其反中民之利也。然则乐器反中民之利亦若此，即我弗敢非也。然则当用乐器，譬之若圣王之为舟车也，即我弗敢非也。

民有三患：饥者不得食，寒者不得衣，劳者不得息，三者民之巨患也。然即当为之撞巨钟，击鸣鼓，弹琴瑟，吹竽笙而扬干戚，民衣食之财将安可得乎？即我以为未必然也。意舍此。今有大国即攻小国，有大家即伐小家，强劫弱，众暴寡，诈欺愚，贵傲贱，寇乱盗贼并兴，不可禁止也。然即当为之撞巨钟，击鸣鼓，弹琴瑟，吹竽笙而扬干戚，天下之乱也将安可得而治与？即我未必然也。是故子墨子曰：姑尝厚措敛乎万民，以为大钟鸣鼓琴瑟竽笙之声，以求兴天下之利，除天下之害，而无补也。是故子墨子曰：为乐非也。

…………

今人固与禽兽、麋鹿、蜚鸟、贞虫异者也。今之禽兽、麋鹿、蜚鸟、贞虫，因其羽毛以为衣裘，因其蹄蚤以为绔屦，因其水草以为饮食。故唯使雄不耕稼树艺，雌亦不纺绩织纴，衣食之财固已具矣。今人与此异者也，赖其力者生，不赖其力者不生。君子不强听治，即刑政乱；贱人不强从事，即财用不足。今天下之士君子以吾言不然，然即姑尝数天下分事而观乐之害。王公大人蚤朝晏退，听狱治政，此其分事也；士君子竭股肱之力，亶其思虑之智，内治官府，外收敛关市、山林、泽梁之利，以实仓廪府库，此其分事也；农夫蚤出暮入，耕稼树艺，多聚叔粟，此其分事也；妇人夙兴夜寐，纺绩织纴，多治麻丝葛绪，捆布縿，此其分事也。今惟毋在乎王公大人说乐而听之，即必不能蚤朝晏退，听狱治政，是故国家乱而社稷危矣。今惟毋在乎士君子说乐而听之，即必不能竭股肱之力，亶其思虑之智，内治官府，外收敛关市、山林、泽梁之利，以实仓禀府库，是故仓禀府库不实。今惟毋在乎农夫说乐而听之，即必不能蚤出暮入，耕稼树艺，多聚叔粟，是故叔粟不足。今惟毋在乎妇人说乐而听之，即必不能夙兴夜寐，纺绩织纴，多治麻丝葛绪，捆布縿，是故布縿不兴。曰：孰为而废大人之听治，贱人之从事？曰：乐也。是故子墨子曰：为乐非也。

## 习 题 二

1. 诸子的子字作什么解释?

2. 诸子出于王官说创自何书?

3. 十家九流如何分法?

4. 什么叫做儒?

5. 晏子为什么不列入墨家而入儒家?

6. 孟子的主张为什么不能见用于当世?

7. 《荀子》的内容怎样?

8. 道家起于何时?

9. 老子的政治主张怎样?

10. 法与礼有什么关系?

11. 商子为什么主用重刑和壹刑?

12. 商子值得后代政治家效法的是哪一点?

13. 慎子的根本思想是什么?

14. 韩非主张法律应该着重哪几点?

15. 何谓名?

16. 《汉书·艺文志》所载名家有哪几家?

17.《尹文子》的内容和思想怎样?

18.《公孙龙子》的内容怎样?

19. 墨家为什么称墨?

20. 墨翟的为人和思想怎样?

# 第三章 史学

## 第一节 | 总论

### 【史是什么】

史字的本义，《说文解字》说："史，记事者也。从又，持中；中，正也。"《周礼》说："史，掌官书以赞治。"前一说以史为一种书籍的名称；后一说以史为专掌官书的职名。从这两种解释里，我们可以知道，所谓史，第一，须中正不阿；第二，须有补治道。一是指史的本质，一是指史的功用，二者合并以观，便可窥见古人对于史的观念了。

古代称史官叫史，而称史书则叫坟（如三坟，为三皇之史）、典（如五典，为五帝之书）、书（如《尚书》）及春秋。史书称史，大约始于司马迁的《史记》。但《汉书·艺文志》称《史记》为《太史公书》，可见《史记》之名，是否出于作者，尚属疑问。其后或称纪，或称志，或称略，颇不一致。

梁启超说："史者何？记述人类社会赓续活动之体相，校其总成绩，求得其因果关系，以为现代一般人活动之资鉴者也。"吴贯因说："何谓之史？记载人类能发生影响之种种言语行动，俾得以播诸当时，传诸后世。"李守常说："史学是研究人生及其产物的文化的学问。"这三种史的定义，字面上虽互有歧异，而实际的意义却并无不协。

## 【史的分类】

史的来源虽然很古，但在晋以前，史学还没有被视为独立的学科。刘歆《七略》及《汉书·艺文志》把《世本》、《战国策》、《史记》一类的书，附入《六艺略·春秋》的后面，虽将史的地位列得很高，但不免令人视史仅为经的附属。晋荀勖撰《中经簿》，分古今书籍为甲、乙、丙、丁四部，列史为丙部，史学始见独立。李充则以史记一类为乙部，沿用至今。宋王俭《七志》又将史记、杂传并入《经典志》，恢复了《七略》之旧。梁阮孝绪《七录》，重把它们分为《经典》、《记传》二录。自是以后，史部便不复再与他部并合了。

史的分类，人各不同。现在所见较古的著录，仅存《七录》。它的《记传录》分史为十二类，为国史、注历、旧事、职官、仪典、法制、伪史、杂传、鬼神、土地、谱状及簿录。但这种分法，后代沿用的可说没有。自《隋书·经籍志》出，分史为十三门，始成为史目权威。十三门为正史、古史、杂史、霸史、起居注、旧事、职官、仪注、刑法、杂传、地理、谱系及簿录。《唐书·经籍志》及《新唐书·艺文志》即沿用它，仅改古史为编年，霸史为伪史，旧事为故事，谱系为谱牒，簿录为目录，而内容尽同。至《宋史·艺文志》虽亦分十三类，但其目已微有增损，如入起居注于编年，改杂传为传记，伪史仍称霸史，无杂史，而另增别史与史钞。《明史·艺文志》则合并节省为十类，如并编年入正史，而无霸史及目录二门。清代修《四库全书》，于史目尤多推广，兹详列其目，每类各举书名若干，及其著录部数，以见当时分类的用意，和所存史书的数量。

正史类　所录为《史记》、《汉书》、《三国志》等二十四史，并于每史后附录注释、补表、补遗、辨误、纠谬一类的书，凡三十七部[注一]。

编年类　所录为《竹书纪年》、《汉纪》、《资治通鉴》、《靖

注一　据《四库全书总目》，实为三十八部。此不计存目书而言，下同。另，部分书名《总目》用字与通行者异，著者袭之，如《东观汉记》、《唐律疏义》之类，径改。

康要录》等，三十八部。

纪事本末类　所录为《通鉴纪事本末》、《蜀鉴》、《平定金川方略》、《绎史》、《滇考》等，十九部[注一]。

别史类　所录为《逸周书》、《东观汉纪》、《路史》、《契丹国志》等，二十部。

杂史类　所录为《国语》、《战国策》、《渚宫旧事》、《松漠纪闻》等，二十二部。

诏令奏议类　所录为《太祖高皇帝圣训》、《大唐诏令》[注二]、《包孝肃奏议》、《名人经济录》等，四十一部[注三]。

传记类　所录为《孔子编年》、《晏子春秋》、《朱子年谱》、《古列女传》、《明儒学案》、《吴船录》、《入蜀记》等，凡六十部。

史钞类　所录为《两汉博闻》、《南史识小录》、《北史识小录》等，四部[注四]。

载记类　所录为《吴越春秋》、《华阳国志》、《南唐书》、《安南志略》等，二十二部[注五]。

时令类　所录仅《岁时广记》及《月令辑要》二种。

注一　据《四库全书总目》，实为二十二部。
注二　著者误书，应作《唐大诏令集》。
注三　据《四库全书总目》，实为三十九部。
注四　四库馆臣视《南北史识小录》为一部，著者则厘为二书。
注五　据《四库全书总目》，实为二十三部（计附录二部）。

地理类　所录为《三辅黄图》、《明一统志》、《新安志》、《水经注》、《洛阳伽蓝记》、《荆楚岁时记》、《大唐西域记》等，一百四十四部注一。

职官类　所录为《翰林志》、《玉堂杂记》、《词林典故》、《官箴》等，二十一部。

政书类　所录为《通典》、《唐会要》、《文献通考》、《大唐开元礼》、《荒政丛书》、《历代兵制》、《唐律疏议》、《营造法式》等，五十六部注二。

目录类　所录为《崇文总目》、《子略》、《汉艺文志考证》、《集古录》、《兰亭考》等，四十七部。

史评类　所录为《史通》、《三国杂事》、《史纠》、《御批通鉴纲目》等，二十二部。

梁启超在他的《中国历史研究法》里，论过去的中国史学界，独于纪传、编年、纪事本末、政书四体，详述其进化轨迹，加以评骘；又把其他各体，分为“供后人著史之原料者”及“制成局部的史籍者”二大类。这种分法，最为合理而又最简要。故本书所述，即以纪传、编年、纪事本末、政书四体为主，而把其他的都省去。

注一　据《四库全书总目》，实为一百四十八部。
注二　据《四库全书总目》，实为五十七部。

## 【史学的派别】

中国的有史学，始于唐人刘知幾，至宋而有郑樵，至清而有章学诚，此三家赫然肃立，始各有特别的建树。此外则几无所闻。现在将这三派学说大旨综述如左：

刘知幾的史学，完全见于他所著《史通》一书。知幾本名子元[注一]，官秘书监时，因与萧至忠等争论史事不合，故发愤而著《史通》。《史通》凡分《内》、《外》二篇：《内篇》三十九篇，皆论史家体例，辨别是非；《外篇》十三篇，述史籍源流，及杂评古人得失。他对于作史的主张，有与众人不同者八点：一、史贵直书；二、应用当代方言；三、叙事尚简；四、可以无表；五、天文、艺文可以不志；六、篇幅不必命题；七、文人不宜作史；八、繁省不必拘泥。《史通》在唐时已佚去三篇，今存四十九篇，清浦起龙为作《通释》，颇多臆改；纪昀复删去繁复，存《削繁》四卷。

郑樵的学说，见于他所著《通志·总序》及《艺文略》、《校雠略》、《图谱略》。《通志》凡二百卷，本为通史体裁，有纪传、年谱与略。后人独取其二十略，列为政书之一。他的自述道："凡著书者，虽采前人之书，必自成一家言……臣今总天下之大学术而条其纲目，名之曰略，凡二十略。百代之宪章，学者之能

注一　刘知幾字子玄，唐避玄宗讳而以字行，清避康熙讳而改称子元。

事，尽于此矣。其五略（礼、职官、选举、刑法、食货）[注一]，汉唐诸儒所得而闻；其十五略，汉唐诸儒所不得而闻也。”他的自负真不浅。他对于作史的特见有四：一、诋断代史而美通史；二、作史须成一家言；三、史可以有表有书；四、史可以有图谱。他的《通志》的编法，完全依据他这四项见解。

章学诚的学说，完全发表在他所著的《文史通义》里。学诚以为“六经皆史”，史外无文，故名所著为《文史通义》。其书凡分《内》、《外》篇六十一篇。他在书中述他作书的旨趣说：“郑樵有史识而未有史学，曾巩具史学而不具史法，刘知幾得史法而不得史意，此予《文史通义》所为作也。”[注二]他以为史应分为记注与撰述二类：记注就是现在所谓史料，故须“赅备无遗”；撰述是正式的著作，故须“决择去取”。他对于旧体诸史，颇赞成纪事本末，誉之为“真《尚书》之遗”。所以他的理想的史，以为须“师《尚书》之意，而以迁《史》义例，通左氏之裁制”。它的编法应是：“以《尚书》之义，为迁《史》之传，则八书三十世家，不必分类……统名曰传。或考典章制作，或叙人事终始，或究一人之行，或合同类之事，或录一时之言，或著一代之文，因事命篇，以纬本纪。则较之左氏翼经，可无局于年月后先之累；较之迁《史》之分列，可无歧出互见之烦……至于人名事类，合

注一　括号内的文字为著者所加。
注二　此句非出《文史通义》，而见于章氏《志隅自叙》。

于本末之中，难于稽检，则别编为表，以经纬之；天象地形，舆服仪器，非可本末该之，且亦难以文字著者，别绘为图，以表明之。”他又说：“至于创立新裁，疏别条目，较古今之述作，定一书之规模，别具《圆通》之篇，此不具言。”可惜《圆通篇》始终未成，所以他的最完密的作史方法，吾人竟无从窥见了。

三家之外，尚有清人崔述，其所著《考信录》一书，专重于辨别古代史事的真伪，亦卓然别成为一派。但他别于史学、史识、史法、史意之外，专力在史料方面，与上述三家绝然异趣，所以不在本节里详叙了。

## 第二节 | 纪 传

### 【纪传是什么】

纪传体的史，自《隋书·经籍志》称为正史，与编年体的古史并列，历代以来，相因不废。但刘知幾却并举纪传、编年为正史。章学诚亦云："编年之书，出于《春秋》，本正史也；乃班、马之学盛，而史志著录，皆不以编年为正史……于义实为未安。"所以本书沿用纪传旧称，而不取正史名目。

在唐代以前，最通行的纪传体史，为司马迁的《史记》、班固的《汉书》、范晔的《后汉书》三种，其次为陈寿的《三国志》，就是所谓四史。自唐以后，史目递增，遂有所谓十史、十三史、十七史、十八史、二十一史、二十二史、二十三史及二十四史等许多名目。唐代初年，以《三国志》、《晋书》、《宋书》、《南齐书》、《梁书》、《陈书》、《魏书》、《北齐书》、《周书》及《隋书》为十史。唐代中叶，复加《史记》、《汉书》、《后汉书》三史，成为十三史。到了宋代，补入《南史》、《北史》二书；又易刘昫的《唐书》为《新唐书》，易薛居正的《旧五代史》为《新五代史》，成为十七史。元代则加《宋史》，为十八史。明人更加入《辽》、《金》、《元》三史，成为二十一史。清代又加入《明史》，成为二十二史。乾隆时，下诏令增刘昫的《唐书》为二十三史。其后更从《永乐大典》中辑出薛居正的《五代史》，与《五代史记》并存，是为二十四史。自是以后，正史遂永定为纪传体史的专名，而正史的名目，亦为这二十四部纪传体史所专有了。

## 【《史记》】

《史记》的作者为司马迁。他字子长，西汉龙门人，是太史公司马谈的儿子。《史记》相传是他继承父志而作。他曾巡行天下，周览四海名山大川，然后归而为书，故文章疏宕有奇气。他又因白李陵之冤而遭腐刑，下蚕室，于狱中完成此书[注一]，故

注一　出狱后任中书令，完成《史记》。

书中多慨愤意气之语。

书的内容，作者在《自序》里说："略推三代，录秦汉，上记轩辕，下至于兹，著十二本纪，既科条之矣。并时异世，年差不明，作十表。礼乐损益，律历改易，兵权山川鬼神，天人之际，承敝通变，作八书。二十八宿环北辰，三十辐共一毂，运行无穷，辅拂股肱之臣配焉，忠信行道，以奉主上，作三十世家。扶义俶傥，不令己失时，立功名于天下，作七十列传。凡百三十篇，五十二万六千五百字。"但其中十篇——《景帝本纪》、《武帝本纪》、《礼书》、《乐书》、《律书》、《汉兴以来将相年表》、《日者列传》、《三王世家》、《龟策列传》、《傅靳列传》——相传有录无书，至元帝、成帝时，褚少孙为之补入。刘知幾则以为十篇有缺佚而非全亡，褚少孙仅为之补缀成稿，其中仍多司马迁手笔。注者颇多，以宋裴骃的《集解》，唐司马贞的《索隐》，张守节的《正义》为最著，宋刻并三家为一本，尤见通行。

## 【《汉书》】

《汉书》为东汉时元武司马班固[注一]，续其父彪之志而作。固字孟坚，九岁能为文，长而博贯载籍。明帝以为郎，典校秘书。窦宪征匈奴兵败，固为中护军，被累入狱，瘐死。

注一　班固曾任玄武司马。避清讳而书作元武。

《汉书》凡一百卷，中含十二本纪，八年表，十志及七十列传。起于高祖之世，终于王莽之诛，以二百三十九年之事，纳于八十余万字之中。相传固著《汉书》，即瘐死，致此书颇见散乱。章帝时，下诏令固妹昭就东观中校辑，续成其书。所以《汉书》中八表及《天文志》几篇，都是班昭所补。是书为断代史的第一部，郑樵斥为浮华剽窃，而刘知幾又誉为精练该密；价值高下，殊难断定。今本作一百二十卷，因其中有若干篇析为子卷——如《五行志》分为五卷，其他或分上下二卷，或分上中下三卷——的缘故。唐颜师古为之注，清王先谦更为之补注，最通行于世。

## 【《后汉书》】

《后汉书》的作者，为南朝宋宣城太守范晔。他字蔚宗，能文善书，晓音律。初为尚书郎，左迁宣城太守，不得志，乃作《后汉书》。累迁太子左卫将军，益不满，卒与孔熙先谋反被诛。

《后汉书》系删取刘珍《东观记》及谢承、薛莹、司马彪、刘义庆、华峤、谢沈、袁山松诸家的《后汉书》而成。其书仅有十帝纪、八十列传，凡九十卷。以较前史，缺年表及书志两种。今本作一百二十卷，也因其中有若干篇分为子卷之故[注一]。唐高宗时，令

注一　著者所言不确。范书仅成纪传九十卷（计子卷亦不过一百卷），预计之十志未竟，梁刘昭为补此憾，乃取晋司马彪《续汉书》八志三十卷，并为之作注，以附范史，故今本有一百二十卷。

章怀太子贤与刘讷言、格希元等作注，现在所通行的即为此本。

## 【《三国志》】

《三国志》的作者为晋人陈寿。他字承祚，少好学，师事谯周，仕蜀，为观阁令史；入晋，除著作郎，巴西中正。《三国志》以魏为正统，颇为后世迂阔的理学家所讥评。

书凡六十五卷：《魏志》三十卷，分四纪，二十六列传；《蜀志》十五卷，为十五列传；《吴志》二十卷，为二十列传。书中无年表及书志，与《后汉书》同。到了南北朝时，宋文帝嫌其太略，便命国子博士裴松之为之补注。松之乃博采众说，分入各传中，所引的书，多至五十余种[注一]。其有讹谬乖违的地方，则出己意为之辨正。材料的丰富，竟超过原书几倍之多。

## 【《晋书》】

《晋书》的作者，在唐以前，有何法盛等十八家。唐太宗以为都不完善，遂于贞观中下诏命房乔与褚遂良、许敬宗等再加撰

注一　裴注引书数量，各家统计不一，少则百余种，多则二百五十余种。著者此处所据当为赵翼《廿二史劄记》（卷六《裴松之三国志注》）："松之所引书，凡五十余种"，但《劄记》下文列举者已达一百五十一种，盖刻本"凡"下脱一"百"字，或为"百"字之误。

次。诸人乃据臧荣绪的旧书，加以增损。其后，又命李淳风、李义府、李延寿等十三人，分掌各种著述[注一]；敬播等四人，考正类例。参预其事的共二十一人，是为史书众修的开始。

全书有帝纪十，志二十，列传七十及载记三十，凡一百三十卷。总记西晋共四帝，凡五十四年；东晋共十一帝，凡一百零二年。又以胡、羯、氐、羌、鲜卑等五族，割据中原，分为五凉、四燕、三秦、二赵与夏、蜀等十六国。它的体例，较前史少年表而多载记一门。今通行本附有唐人何超的《音义》。

## 【南北朝诸史】

《宋书》为梁文学家沈约所撰。南齐武帝永明五年，约奉诏修撰此书。至次年二月，全书告成。其材料均取徐爰旧作[注二]，惟徐作起于晋义熙之初，迄于宋武帝大明之末；永光以后至亡国时十余年中之事，都为沈约所补。全书有本纪十，志三十，列传六十，凡一百卷。据《梁书·沈约传》，则当有表，但今本中没有，想已散佚[注三]。

《南齐书》的作者为梁人萧子显。原书《梁史》及《南史》

注一　下云预修《晋书》者共二十一人，此云分掌撰述者十三人，与总数不合。考《唐会要》卷六三，应为十四人。参阅余嘉锡《四库提要辨证》。

注二　宋徐爰《宋书》踵宋何承天《宋书》而成。

注三　据余嘉锡《四库提要辨证》考证，《宋书》原本无表。

萧子显本传均称有六十卷，今仅存五十九卷[注一]，为纪八，志十一，列传四十。北宋时刻本尚载有《进书表》，今本亦佚去。又，今本《文学传》无叙，《州郡志》及《桂阳王传》均有阙文，实非完善之本。

《梁书》共五十六卷，凡分本纪六，列传五十。唐贞观三年，姚思廉奉诏与魏徵同撰[注二]。《史通》则谓“姚察有志撰勒，施功未周”，其子思廉“凭其旧稿，加以新录”，“述为《梁书》五十六卷”[注三]。故今本二十六卷之后，均题有“陈吏部尚书姚察”字样[注四]。思廉撰此书，历时在七载以上[注五]，用力可称勤且笃了。

《陈书》的作者，亦为姚思廉。思廉为著作郎，奉诏撰梁陈二史，于是也依据他父亲的旧稿，复加入新材料，始告成功。全书共三十六卷，计本纪六，列传三十。其二、三两卷后，亦题“陈吏

注一　《南齐书》卷数，《隋书·经籍志》、《新唐书·艺文志》亦作六十卷，《史通》、《旧唐书·经籍志》则作五十九卷，宋代诸家书目，自《崇文总目》以下亦皆作五十九卷。余嘉锡疑《南齐书》所亡者为本书《序录》，此《序录》可入可不入卷数，故诸家参差。参阅《四库提要辨证》。
注二　魏徵为监修官，唯参论赞。
注三　著者此处引述《史通》，系抄自《四库全书总目》所节引。《史通》原作“五十卷”。《旧唐书·经籍志》及姚思廉本传俱云五十卷，《新唐书·艺文志》、《郡斋读书志》则作五十六卷。四库馆臣以为五十六卷为姚氏编目之旧，《旧唐书》误脱“六”字。
注四　意谓《梁书》有二十六卷，其篇末论赞皆系以姚察之名。
注五　姚思廉奉诏撰梁陈二史之历时，可参阅余嘉锡《四库提要辨证》、程千帆《史通笺记》。

部尚书姚察”字样，当亦为察的原稿。其余大概都出于思廉之手。

《魏书》为北齐时尚书右仆射魏收所撰，原有本纪十二，志十，列传九十二，凡一百十四卷[注一]。至宋时，其中有二十九篇，亡佚不全。今本分为一百三十卷[注二]，为宋人刘恕、范祖禹等所校定。此书党齐毁魏，论述颇多不平，向有秽史之目。

《北齐书》为唐太子通事舍人李百药所撰，凡本纪八，列传四十二，共五十卷。百药父德林，在北齐的时候，尝著述纪传[注三]。及唐太宗下诏令群臣分修诸史，百药乃续父志，辑成此书。自北宋以后，日见散佚。现在的通行本，其缺已经后人取《北史》补足，不是李书之旧了。[注四]

《周书》为唐国子祭酒令狐德棻所撰。唐太宗贞观中，分修梁、陈、齐、周、隋五史，其议即发自德棻。德棻却专领《周书》，与岑文本、崔仁师、陈叔达、唐俭诸人同修。全书共五十卷，凡本纪八，列传四十二。北宋时尚有全本[注五]。今本多残阙，

注一　《北齐书》、《北史》魏收本传皆云合纪、传、志共一百三十卷（《魏书》十志前附载魏收《前上十志启》则作一百三十一卷），盖计子卷而数也。此云一百十四卷，虽不为错，但与史载不合。

注二　此亦计子卷而言，若除子卷不数，则为一百十四卷。

注三　指纪传体北齐史。

注四　《北齐书》之散佚始自唐代中叶以后。后人据以补缺之书亦不限于《北史》，下《周书》亦然。

注五　此祖述四库馆臣之见。据余嘉锡《四库提要辨证》，《周书》宋初已残，虽经补缀，亦难复旧观。

亦已经后人取《北史》补缀。

《隋史》亦为唐代官修史的一种。唐贞观三年，下诏命魏徵等修《隋史》，历七年，成本纪、列传凡五十五卷。其书志则由长孙无忌续撰。注一 全书共八十五卷，凡本纪五，列传五十，志三十。其中《经籍》一志，在目录学上有极大的权威。

《南史》与《北史》，均为唐崇文馆学士李延寿所撰。《南史》共八十卷，分本纪十，列传七十；自刘宋起，尽陈代为止，凡一百七十年。《北史》共一百卷，分本纪十二，列传八十八；自北魏起，尽隋代为止，凡二百四十二年。然作者心力，似专致于《北史》；故《南史》多因仍四史旧文，而《北史》则叙事详密，首尾典赡。

## 【新旧《唐书》】

《唐书》为五代后晋时刘昫、张昭远等奉敕撰。注二 全书凡二百卷，计帝纪二十，志三十，列传一百五十，约一百九十万言。自宋欧阳修等撰《新唐书》，此书便废而不用。然其本流传人间，历代不绝。或因欲别于《新唐书》，故称为《旧唐书》。至清乾隆时，始取以与《新唐书》并列于二十四史中，成为正史的一种。

注一　魏徵和长孙无忌为纪传和志的领修者。
注二　刘昫于《旧唐书》既无监修之劳，亦无纂修之功，仅书成表上。

《新唐书》为北宋时欧阳修、宋祁等奉敕所撰，而监修的人为曾公亮。书中列传，皆题祁名；本纪、表、志，皆题修名。《宰相世系表》的作者，《宋史》以为吕夏卿，今亦题修名。与《旧唐书》的不同处，在于“事增于前，文省于旧”。全书凡二百二十五卷，计本纪十，志五十，表十五，列传一百五十，约一百七十万言。

## 【新旧《五代史》】

《五代史》为北宋时薛居正奉敕所撰。[注一] 全书凡一百五十卷，计本纪六十一，志十二，列传七十七，无年表。自欧阳修《五代史记》出，学者乃不专治此书，及金章宗下诏只准用《五代史记》，此书遂见废弃。历元明至清，书渐湮没。乾隆时，令诸臣就《永乐大典》各韵中辑出，为之排纂，尚得十之八九；又考核宋人书中所引，加以摘录，遂得依照原本卷数，勒成一编。今本称《旧五代史》，盖欲别于欧阳修《五代史记》称《新五代史》的缘故。

《新五代史》是《五代史记》的异名，为北宋时欧阳修所私撰。修在世时，珍藏于家，及修死，始诏取其书，付国子监刻印。书的体制，和他史微有不同。全书凡七十四卷，计有本纪十二，家人传八，梁臣传三，唐臣传五，晋、汉、周臣传各一，

注一　薛居正为监修。

死节、死事、一行传各一，唐六臣传一，义儿、伶官、宦者传各一，杂传十九，司天考二，职方考一，世家十；又十国年谱一，四夷录三[注一]。今通行本有注，为徐无党所作。

## 【宋辽金史】

《宋史》为元代中书右丞相脱脱——亦称托克托——等所撰。全书共四百九十六卷，为本纪四十七卷，志一百六十二卷，表三十二卷，列传、世家二百五十五卷[注二]。实际执笔者为欧阳圭斋[注三]、虞集、揭傒斯诸人；而脱脱、阿鲁图等仅为总裁监修。

《辽史》的撰人亦为脱脱。全书凡一百十五卷，计本纪三十卷，志三十一卷，表八卷，列传四十六卷，末又附《国语解》一卷，合之共一百十六卷。[注四]所附《国语解》体例殊善，惜多讹舛。至清乾隆时与金、元二史的《国语解》均重为改译，于是始不失其真。

《金史》亦称脱脱撰。全书凡一百三十五卷，计本纪十九

注一　称十国世家年谱、四夷附录。
注二　卷四七八至四八三为世家六卷。
注三　欧阳玄的号。
注四　《辽史》列传实共四十五卷，志则三十二卷（志十七分上下，为两卷）。疑《四库全书总目》误计志之卷数为三十一，为凑足全书一百十六之数，乃轻改列传之卷数为四十六。著者过信馆臣，又未检《辽史》原书，故致此误。

卷，志三十九卷，表四卷，列传七十三卷。末附《金国语解》一卷，乃清乾隆时所补。是书多取材于刘祁的《归潜志》及元好问的《壬辰杂志》注一，故在同称为脱脱撰的三史中，号称为最良的一种。

## 【《元史》与《明史》】

《元史》为明初翰林学士亚中大夫宋濂等所撰。全书凡二百十卷，计本纪四十七卷，志五十三卷，表六卷，列传九十七卷。注二明洪武二年，得元十三朝《实录》一稿，便下诏修《元史》，以宋濂及王袆为总裁。自二月开局，八月而书成。但尚缺顺帝一朝，乃命欧阳佑等往北平采集遗事。明年二月，重开史局，阅六月而全书告成。

《明史》为清保和殿大学士张廷玉等奉敕所撰。全书凡三百三十二卷，计本纪二十四卷，志七十五卷，表十三卷，列传二百二十卷。又附目录四卷，共三百三十六卷。清康熙十七年，用博学宏词诸臣分别纂修《明史》，以张玉书、叶方蔼二人总裁其事。继又以汤斌、徐乾学、王鸿绪、陈廷敬、张英等诸

注一　应作《壬辰杂编》，已佚。
注二　因部分志表分上下两卷，故《元史》志共五十八卷，表则八卷。疑《四库全书总目》不察，误计志表卷数，遂致纪传志表总卷数不符二百一十之数。著者因之而误。

人，先后为总裁官。当时纂修者，都是博学能文、论古有识之士。其后张玉书任撰志书和年表，陈廷敬任撰本纪，王鸿绪任撰列传。康熙五十三年，鸿绪的列传稿成，但他人的稿均未成就。鸿绪又加纂辑，至雍正元年始脱稿。雍正复命张廷玉为总裁，就鸿绪的原本，选词臣再加订正。直至乾隆四年，始得正式进呈。综计前后，历时六十年之久，才告成功。[注一]所以《明史》在二十四史中以完善见称，并不是偶然的事。

注一　关于《明史》之纂修，著者所言甚简括，可参阅黄云眉、李晋华、白寿彝等学者的著述。

## 鸿门之宴（节选《项羽本纪》）注一

《史记》

沛公旦日从百余骑来见项王，至鸿门，谢曰："臣与将军戮力而攻秦，将军战河北，臣战河南，然不自意能先入关破秦，得复见将军于此。今者有小人之言，令将军与臣有郤。"项王曰："此沛公左司马曹无伤言之；不然，籍何以至此。"项王即日因留沛公与饮。项王、项伯东向坐，亚父南向坐。亚父者，范增也。沛公北向坐，张良西向侍。范增数目项王，举所佩玉玦以示之者三。项王默然不应。范增起，出召项庄，谓曰："君王为人不忍，若入前为寿，寿毕，请以剑舞，因击沛公于坐，杀之。不者，若属皆且为所虏。"庄则入为寿。寿毕，曰："君王与沛公饮，军中无以为乐，请以剑舞。"项王曰："诺。"项庄拔剑起舞，项伯亦拔剑起舞，常以身翼蔽沛公，庄不得击。于是张良至军门，见樊哙。樊哙曰："今日之事何如？"良曰："甚急。今者项庄拔剑舞，其意常在沛公也。"哙曰："此迫矣。臣

注一　著者虽以《鸿门之宴》为题，然选文之叙事实止于项羽败亡。

请入，与之同命。”哙即带剑拥盾入军门。交戟之卫士欲止不内，樊哙侧其盾以撞，卫士仆地。哙遂入，披帷西向立，瞋目视项王，头发上指，目眦尽裂。项王按剑而跽曰：“客何为者？”张良曰：“沛公之骖乘樊哙者也。”项王曰：“壮士！赐之卮酒。”则与斗卮酒。哙拜谢，起，立而饮之。项王曰：“赐之彘肩。”则与一生彘肩。樊哙覆其盾于地，加彘肩上，拔剑切而啖之。项王曰：“壮士！能复饮乎？”樊哙曰：“臣死且不避，卮酒安足辞！夫秦王有虎狼之心，杀人如不能举，刑人如恐不胜，天下皆叛之。怀王与诸将约曰‘先破秦入咸阳者王之’。今沛公先破秦入咸阳，毫毛不敢有所近，封闭宫室，还军霸上，以待大王来。故遣将守关者，备他盗出入与非常也。劳苦而功高如此，未有封侯之赏，而听细说，欲诛有功之人，此亡秦之续耳，窃为大王不取也。”项王未有以应，曰：“坐。”樊哙从良坐。坐须臾，沛公起如厕，因招樊哙出。

沛公已出，项王使都尉陈平召沛公。沛公曰：“今者出，未辞也，为之柰何？”樊哙曰：“大行不顾细谨，大礼不辞小让。如今人方为刀俎，我为鱼肉，何辞为！”于是遂去，乃令张良留谢。良问曰：“大王来何操？”曰：“我持白璧一双，欲献项王；玉斗一双，欲与亚父。会其怒，不敢献。公为我献之。”张良曰：“谨诺。”当是时，项王军在鸿门下，沛公军在霸上，相去四十里。沛公则置车骑，脱身独骑，与樊哙、夏侯婴、靳彊、纪信等四人，持剑盾步走，从郦山下，道芷阳间行。沛公谓张良曰：“从此道至吾军，不过二十里耳。度我至军中，公乃入。”沛公已去，间至军中。张良入谢，曰：“沛公不胜杯杓，不能辞。谨使臣良奉白璧一双，再拜谢大王足下；玉斗一双，再拜奉大将军足下。”项王曰：“沛公安在？”良曰：“闻大王有意督过之，脱身独去，已至军矣。”项王则受璧，置之坐上。亚父受玉斗，置之地，拔剑撞而破之，曰：“唉！竖子不足与谋！夺项王天下者，必沛公也，吾属今为之虏矣。”沛公至军，立诛杀曹无伤。

…………

项王军壁垓下，兵少食尽，汉军及诸侯兵围之数重。夜闻汉军四面皆楚歌，项王乃大惊曰：“汉皆已得楚乎？是何楚人之多也！”项王则夜起，饮帐中。有美人名虞，常幸从；骏马名骓，常骑之。于是项王乃悲歌忼慨，自为诗曰：“力拔山兮气盖世，时不利兮骓不逝。骓不逝兮可柰何，虞兮虞兮柰若何！”歌数阕，美人和之。项王泣数行下，左右皆泣，莫能仰视。

于是项王乃上马骑，麾下壮士骑从者八百余人，直夜溃围南出，驰走。平明，汉军乃觉之，令骑将灌婴以五千骑追之。项王渡淮，骑能属者百余人耳。项王至阴陵，迷失道，问一田父，田父绐曰“左”。左，乃陷大泽中。以故汉追及之。项王乃复引兵而东。至东城，乃有二十八骑。汉骑追者数千人。项王自度不得脱，谓其骑曰：“吾起兵至今八岁矣，身七十余战，所当者破，所击者服，未尝败北，遂霸有天下。然今卒困于此，此天之亡我，非战之罪也。今日固决死，顾为诸君快战，必三胜之，为诸君溃围，斩将，刈旗，令诸君知天亡我，非战之罪也。”乃分其骑以为四队，四向。汉军围之数重。项王谓其骑曰：“吾为公取彼一将。”令四面骑驰下，期山东为三处。于是项王大呼驰下，汉军皆披靡，遂斩汉一将。是时，赤泉侯为骑将，追项王，项王瞋目而叱之，赤泉侯人马俱惊，辟易数里。与其骑会为三处。汉军不知项王所在，乃分军为三，复围之。项王乃驰，复斩汉将一都尉，杀数十百人，复聚其骑，亡其两骑耳。乃谓其骑曰：“如何？”骑皆伏曰：“如大王言。”

于是项王乃欲东渡乌江。乌江亭长檥船待，谓项王曰：“江东虽小，地方千里，众数十万人，亦足王也。愿大王急渡。今独臣有船，汉军至，无以渡。”项王笑曰：“天之亡我，我何渡为！且籍与江东子弟八千人渡江而西，今无一人还。纵江东父兄怜而王我，我何面目见之？纵彼不言，籍独不愧于心乎？”乃谓亭长曰：“吾知公长者。吾骑此马五岁，所当无敌，尝一日行千里，不忍杀之，以赐公。”乃令骑皆下马步行，持短兵接战。独籍所杀汉军数百人。项王身亦被十余创。顾见汉骑司马吕马童，曰：“若非吾故人乎？”马童面之，指王翳曰：“此项王也。”项王乃曰：“吾闻汉购我头千金，邑万户，吾为若德。”乃自刎而死。

# 苏建苏武传 注一

《汉书》

苏建，杜陵人也。以校尉从大将军青击匈奴，封平陵侯。以将军筑朔方。后以卫尉为游击将军，从大将军出朔方。后一岁，以右将军再从大将军出定襄，亡翕侯，失军当斩，赎为庶人。其后为代郡太守，卒官。有三子：嘉为奉车都尉，贤为骑都尉，中子武最知名。

武字子卿，少以父任，兄弟并为郎，稍迁至移中厩监。时汉连伐胡，数通使相窥观，匈奴留汉使郭吉、路充国等，前后十余辈。匈奴使来，汉亦留之以相当。天汉元年，且鞮侯单于初立，恐汉袭之，乃曰："汉天子我丈人行也。"尽归汉使路充国等。武帝嘉其义，乃遣武以中郎将使持节送匈奴使留在汉者，因厚赂单于，答其善意。武与副中郎将张胜及假吏常惠等，募士斥候百余人俱。既至匈奴，置币遗单于。单于益骄，非汉所望也。

注一　节选自《汉书·李广苏建传》，未录传末论赞。标题著者所拟。

方欲发使送武等，会缑王与长水虞常等谋反匈奴中。缑王者，昆邪王姊子也，与昆邪王俱降汉，后随浞野侯没胡中，及卫律所将降者，阴相与谋劫单于母阏氏归汉。会武等至匈奴，虞常在汉时素与副张胜相知，私候胜曰："闻汉天子甚怨卫律，常能为汉伏弩射杀之。吾母与弟在汉，幸蒙其赏赐。"张胜许之，以货物与常。后月余，单于出猎，独阏氏子弟在。虞常等七十余人欲发，其一人夜亡，告之。单于子弟发兵与战，缑王等皆死，虞常生得。

单于使卫律治其事。张胜闻之，恐前语发，以状语武。武曰："事如此，此必及我。见犯乃死，重负国。"欲自杀，胜、惠共止之。虞常果引张胜。单于怒，召诸贵人议，欲杀汉使者。左伊秩訾曰："即谋单于，何以复加？宜皆降之。"单于使卫律召武受辞，武谓惠等："屈节辱命，虽生，何面目以归汉！"引佩刀自刺。卫律惊，自抱持武，驰召医。凿地为坎，置煴火，覆武其上，蹈其背以出血。武气绝，半日复息。惠等哭，舆归营。单于壮其节，朝夕遣人候问武，而收系张胜。

武益愈，单于使使晓武。会论虞常，欲因此时降武。剑斩虞常已，律曰："汉使张胜谋杀单于近臣，当死，单于募降者赦罪。"举剑欲击之，胜请降。律谓武曰："副有罪，当相坐。"武曰："本无谋，又非亲属，何谓相坐？"复举剑拟之，武不动。律曰："苏君，律前负汉归匈奴，幸蒙大恩，赐号称王，拥众数万，马畜弥山，富贵如此。苏君今日降，明日复然。空以身膏草野，谁复知之！"武不听。律曰："君因我降，与君为兄弟，今不听吾计，后虽欲复见我，尚可得乎？"武骂律曰："女为人臣子，不顾恩义，畔主背亲，为降虏于蛮夷，何以女为见？且单于信女，使决人死生，不平心持正，反欲斗两主，观祸败。南越杀汉使者，屠为九郡；宛王杀汉使者，头县北阙；朝鲜杀汉使者，即时诛灭。独匈奴未耳。若知我不降明，欲令两国相攻，匈奴之祸从我始矣。"

律知武终不可胁，白单于。单于愈益欲降之，乃幽武置大窖中，绝不饮食。天雨雪，武卧啮雪与旃毛并咽之，数日不死。匈奴以为神，乃徙武北海上无人处，使牧羝，羝乳乃得归。别其官属常惠等，各置他所。

武既至海上，廪食不至，掘野鼠去中实而食之。杖汉节牧羊，卧起操持，节旄尽落。积五六年，单于弟於靬王弋射海上。武能网纺缴，檠弓弩，於靬王爱之，给其衣食。三岁余，王病，赐武马畜服匿穹庐。王死后，人众徙去。其冬，丁令盗武牛羊，武复穷厄。

初，武与李陵俱为侍中，武使匈奴明年，陵降，不敢求武。久之，单于使陵至海上，为武置酒设乐，因谓武曰："单于闻陵与子卿素厚，故使陵来说足下，虚心欲相待。终不得归汉，空自苦亡人之地，信义安所见乎？前长君为奉车，从至雍棫阳宫，扶辇下除，触柱折辕，劾大不敬，伏剑自刎，赐钱二百万以葬。孺卿从祠河东后土，宦骑与黄门驸马争船，推堕驸马河中溺死，宦骑亡，诏使孺卿逐捕不得，惶恐饮药而死。来时，大夫人已不幸，陵送葬至阳陵。子卿妇年少，闻已更嫁矣。独有女弟二人，两女一男，今复十余年，存亡不可知。人生如朝露，何久自苦如此！陵始降时，忽忽如狂，自痛负汉，加以老母系保宫，子卿不欲降，何以过陵？且陛下春秋高，法令亡常，大臣亡罪夷灭者数十家，安危不可知，子卿尚复谁为乎？愿听陵计，勿复有云。"武曰："武父子亡功德，皆为陛下所成就，位列将，爵通侯，兄弟亲近，常愿肝脑涂地。今得杀身自效，虽蒙斧钺汤镬，诚甘乐之。臣事君，犹子事父也，子为父死亡所恨。愿勿复再言。"陵与武饮数日，复曰："子卿壹听陵言。"武曰："自分已死久矣！王必欲降武，请毕今日之欢，效死于前！"陵见其至诚，喟然叹曰："嗟乎，义士！陵与卫律之罪上通于天。"因泣下沾衿，与武决去。

陵恶自赐武，使其妻赐武牛羊数十头。后陵复至北海上，语武："区脱捕得云中生口，言太守以下吏民皆白服，曰上崩。"武闻之，南乡号哭，欧血，旦夕临。

数月，昭帝即位。数年，匈奴与汉和亲。汉求武等，匈奴诡言武死。后汉使复至匈奴，常惠请其守者与俱，得夜见汉使，具自陈道。教使者谓单于，言天子射上林中，得雁，足有系帛书，言武等在某泽中。使者大喜，如惠语以让单于。单于视左右而惊，谢汉使曰："武等实在。"于是李陵置酒贺武曰："今足下还归，扬名于匈奴，功显于汉室，虽古竹帛所载，丹青所画，何以过子卿！陵虽驽怯，令汉且贳陵罪，全其老母，使得奋大辱之积志，庶几乎曹柯之盟，此陵宿昔之所不忘也。收族陵家，为世大戮，陵尚复何顾乎？已矣！令子卿知吾心耳。异域之人，壹别长绝。"陵起舞，歌曰："径万里兮度沙幕，为君将兮奋匈奴。路穷绝兮矢刃摧，士众灭兮名已隤。老母已死，虽欲报恩将安归！"陵泣下数行，因与武决。单于召会武官属，前以降及物故，凡随武还者九人。

武以始元六年春至京师。诏武奉一太牢谒武帝园庙，拜为典属国，秩中二千石，赐钱二百万，公田二顷，宅一区。常惠、徐圣、赵终根皆拜为中郎，赐帛各二百匹。其余六人老归家，赐钱人十万，复终身。常惠后至右将军，封列侯，自有传。武留匈奴凡十九岁，始以强壮出，及还，须发尽白。

武来归明年，上官桀子安与桑弘羊及燕王、盖主谋反。武子男元与安有谋，坐死。

初，桀、安与大将军霍光争权，数疏光过失予燕王，令上书告之。又言苏武使匈奴二十年不降，还乃为典属国，大将军长史无功劳，为搜粟都尉，光颛权自恣。及燕王等反诛，穷治党与，武素与桀、弘羊有旧，数为燕王所讼，子又在谋中，廷尉奏请逮捕武。霍光寝其奏，免武官。

数年，昭帝崩，武以故二千石与计谋立宣帝，赐爵关内侯，食邑三百户。久之，卫将军张安世荐武明习故事，奉使不辱命，先帝以为遗言。宣帝即时召武待诏宦者署，数进见，复为右曹典属国。以武著节老臣，令朝朔望，号称祭酒，甚优宠之。

武所得赏赐，尽以施予昆弟故人，家不余财。皇后父平恩侯、帝舅平昌侯、乐昌侯、车骑将军韩增、丞相魏相、御史大夫丙吉皆敬重武。武年老，子前坐事死，上闵之，问左右："武在匈奴久，岂有子乎？"武因平恩侯自白："前发匈奴时，胡妇适产一子通国，有声问来，愿因使者致金帛赎之。"上许焉。后通国随使者至，上以为郎。又以武弟子为右曹。武年八十余，神爵二年病卒。

甘露三年，单于始入朝。上思股肱之美，乃图画其人于麒麟阁，法其形貌，署其官爵姓名。唯霍光不名，曰大司马大将军博陆侯姓霍氏，次曰卫将军富平侯张安世，次曰车骑将军龙頟侯韩增，次曰后将军营平侯赵充国，次曰丞相高平侯魏相，次曰丞相博阳侯丙吉，次曰御史大夫建平侯杜延年，次曰宗正阳城侯刘德，次曰少府梁丘贺，次曰太子太傅萧望之，次曰典属国苏武。皆有功德，知名当世，是以表而扬之，明著中兴辅佐，列于方叔、召虎、仲山甫焉。凡十一人，皆有传。自丞相黄霸、廷尉于定国、大司农朱邑、京兆尹张敞、右扶风尹翁归及儒者夏侯胜等，皆以善终，著名宣帝之世，然不得列于名臣之图，以此知其选矣。

# 王粲传 注一

《三国志》

王粲字仲宣，山阳高平人也。曾祖父龚，祖父畅，皆为汉三公。父谦，为大将军何进长史。进以谦名公之胄，欲与为婚，见其二子，使择焉。谦弗许。以疾免，卒于家。

献帝西迁，粲徙长安，左中郎将蔡邕见而奇之。时邕才学显著，贵重朝廷，常车骑填巷，宾客盈坐。闻粲在门，倒屣迎之。粲至，年既幼弱，容状短小，一坐尽惊。邕曰："此王公孙也，有异才，吾不如也。吾家书籍文章，尽当与之。"年十七，司徒辟，诏除黄门侍郎，以西京扰乱，皆不就。乃之荆州依刘表。表以粲貌寝而体弱通侻，不甚重也。表卒。粲劝表子琮，令归太祖。太祖辟为丞相掾，赐爵关内侯。太祖置酒汉滨，粲奉觞贺曰："方今袁绍起河北，仗大众，志兼天下，然好贤而不能用，故奇士去之。刘表雍容荆楚，坐观时

注一　选自《三国志·魏书·王卫二刘傅传》。孔融之外的建安诸子（陈琳、徐幹、阮瑀、应玚、刘桢），以及阮籍、嵇康、吴质等人，皆附《王粲传》。

变，自以为西伯可规。士之避乱荆州者，皆海内之俊杰也；表不知所任，故国危而无辅。明公定冀州之日，下车即缮其甲卒，收其豪杰而用之，以横行天下；及平江、汉，引其贤俊而置之列位，使海内回心，望风而愿治，文武并用，英雄毕力，此三王之举也。”后迁军谋祭酒。魏国既建，拜侍中。博物多识，问无不对。时旧仪废弛，兴造制度，粲恒典之。

初，粲与人共行，读道边碑，人问曰：“卿能暗诵乎？”曰：“能。”因使背而诵之，不失一字。观人围棋，局坏，粲为覆之。棋者不信，以帊盖局，使更以他局为之。用相比校，不误一道。其强记默识如此。性善算，作算术，略尽其理。善属文，举笔便成，无所改定，时人常以为宿构；然正复精意覃思，亦不能加也。著诗、赋、论、议垂六十篇。建安二十一年，从征吴。二十二年春，道病卒，时年四十一。粲二子，为魏讽所引，诛。后绝。

始文帝为五官将，及平原侯植皆好文学。粲与北海徐幹字伟长、广陵陈琳字孔璋、陈留阮瑀字元瑜、汝南应玚字德琏、东平刘桢字公幹并见友善。

幹为司空军谋祭酒掾属，五官将文学。

琳前为何进主簿。进欲诛诸宦官，太后不听，进乃召四方猛将，并使引兵向京城，欲以劫恐太后。琳谏进曰："《易》称'即鹿无虞'。谚有'掩目捕雀'。夫微物尚不可欺以得志，况国之大事，其可以诈立乎？今将军总皇威，握兵要，龙骧虎步，高下在心；以此行事，无异于鼓洪炉以燎毛发。但当速发雷霆，行权立断，违经合道，天人顺之；而反释其利器，更征于他。大兵合聚，强者为雄，所谓倒持干戈，授人以柄；功必不成，只为乱阶。"进不纳其言，竟以取祸。琳避难冀州，袁绍使典文章。袁氏败，琳归太祖。太祖谓曰："卿昔为本初移书，但可罪状孤而已，恶恶止其身，何乃上及父祖邪？"琳谢罪，太祖爱其才而不咎。

瑀少受学于蔡邕。建安中都护曹洪欲使掌书记，瑀终不为屈。太祖并以琳、瑀为司空军谋祭酒，管记室，军国书檄，多琳、瑀所作也。琳徙门下督，瑀为仓曹掾属。

玚、桢各被太祖辟，为丞相掾属。玚转为平原侯庶子，后为五官将文学。桢以不敬被刑，刑竟署吏。咸著文赋数十篇。

瑀以十七年卒。幹、琳、玚、桢二十二年卒。文帝书与元城令吴质曰："昔年疾疫，亲故多离其灾，徐、陈、应、刘，一时俱逝。观古今文人，类不护细行，鲜能以名节自立。而伟长独怀文抱质，恬淡寡欲，有箕山之志，可谓彬彬君子矣。著《中论》二十余篇，辞义典雅，足传于后。德琏常斐然有述作意，其才学足以著书，美志不遂，良可痛惜！孔璋章表殊健，微为繁富。公幹有逸气，但未遒耳。元瑜书记翩翩，致足乐也。仲宣独自善于辞赋，惜其体弱，不起其文；至于所善，古人无以远过也。昔伯牙绝弦于钟期，仲尼覆醢于子路，痛知音之难遇，伤门人之莫逮也。诸子但为未及古人，自一时之俊也。”

自颍川邯郸淳、繁钦、陈留路粹、沛国丁仪、丁廙、弘农杨脩、河内荀纬等，亦有文采，而不在此七人之例。

玚弟璩，璩子贞，咸以文章显。璩官至侍中。贞咸熙中参相国军事。

瑀子籍，才藻艳逸，而倜傥放荡，行己寡欲，以庄周为模则。官至步兵校尉。

时又有谯郡嵇康，文辞壮丽，好言老、庄，而尚奇任侠。至景元中，坐事诛。

景初中，下邳桓威出自孤微，年十八而著《浑舆经》，依道以见意。从齐国门下书佐、司徒署吏，后为安成令。

吴质，济阴人，以文才为文帝所善，官至振威将军，假节都督河北诸军事，封列侯。

## 第三节 | 编 年

### 【编年是什么】

编年与纪传的分别，焦竑以为“编年者，以年系事，详一国之治体，盖本左氏。纪传者，以人系事，详一人之事迹，盖本史迁”。编年又称古史，盖欲别于纪传的又称为正史。但刘知幾以为编年、纪传都是正史。且古史的名称，亦太广泛，故本书采用编年的名字。

编年为最古的史体，初时的文句大抵极简，如晋人从汲冢所得的《竹书纪年》，可为其代表。但现存最古的编年史，常推

《春秋》。《春秋》乃孔子依据鲁史而作，古代史官所用的体裁怎样，可以从此书中窥见一斑。书中文句极其简短，每条最长不过四十余字，最短仅一字；每条纪事，又不相联属，故梁启超称为“账簿式的旧编年体”。

同为编年体，还可分为历代的编年和一代的编年二体；前者属于通史，后者为断代史之流；前者始于《竹书纪年》，后者即始于《汉纪》，而以《春秋》为其滥觞。

## 【《纪年》与《通鉴》】

《纪年》原有十三篇，为战国时魏史官所记。晋太康二年，盗发汲郡魏安釐王冢[注一]，得竹简书数十车，《纪年》即在其中。武帝诏付秘书校缀次第，写以今文，始传于世。书中所记，起自夏禹，其中最骇人听闻的，有夏启杀伯益，太甲杀伊尹，文丁杀季历等。又言夏的年祚，较殷为长。凡此种种，均与儒家旧说不相容，故其书历经删削，到宋代仅剩残余。今本乃宋以后人窜改，愈失其真。清朱右曾别辑《汲冢纪年存真》二卷，今人王国维因之，更成《古本竹书纪年辑校》一卷，稍复本来面目。

除了《纪年》外，历代的编年史，当以司马光的《资治通

注一　发冢年份，或云咸宁五年、太康元年；所发冢，多数材料认为是魏襄王墓。

鉴》为最先，且最著名。此书系续《左传》，故上起战国，下终五代，千三百六十二年间大事，按年记载，一气衔接，凡二百九十四卷。光于治平四年奉诏作书，元丰七年奏上，凡历十九年而后毕。注一其采用的书，正史之外，杂史多至三百二十二种。其残稿在洛阳的尚盈两屋，故非掇拾残剩者可比。参修的人，又皆为通儒硕学。如汉及汉以前属刘攽，三国至南北朝属刘恕，唐及五代属范祖禹，都能尽其所长。光门人刘安世尝为撰《音义》十卷，今已佚亡。南宋时注者纷纷，颇多乖谬。元胡三省汇合众注，订讹补漏，为作《音注》，历三十年，稿经三失，始告成功。他又将司马光自著的《资治通鉴考异》三十卷，散入各本文之下。《考异》之作，本在参考各书同异，说明去取的原意，以祛后人的疑惑；其书本为单行，自后遂合而为一。三省又著《释文辨误》十二卷，以正史炤《通鉴释文》之误，附刊于全书之后。光又有《稽古录》二十卷，所纪上起伏羲，下至英宗治平之末，较《通鉴》为完备，最便于初学的检阅。

同时有刘恕作《通鉴外纪》十卷，计《包羲以来纪》一卷，《夏纪》、《商纪》共一卷，《周纪》八卷；终于周威烈王二十三年，与《资治通鉴》相接。此外有李焘《续资治通鉴长编》五百

注一　治平三年四月，英宗诏司马光于崇文院开局，续修先所奏上之八卷编年史《通志》，俟书成赐名；四年九月，神宗赐名《资治通鉴》，并制序以赐；元丰七年十一月《通鉴》告成进呈御览。则《通鉴》之纂修，除初撰《通志》不计，首尾十八年又八月。

二十卷，叙北宋一祖八宗事迹。刘时举更续焘书作《续宋编年资治通鉴》十五卷，起高宗，讫宁宗嘉定十七年。明薛应旂作《宋元资治通鉴》一百五十七卷，清徐乾学作《资治通鉴后编》一百八十四卷，毕沅作《续资治通鉴》二百二十卷，都是直接上续光书。但毕沅书最为完备，所以最为通行，而其他诸书皆废。

## 【前后《汉纪》】

《春秋》虽记鲁国的史事，然原书系经而非史，故言一代的编年的开始，当推《汉纪》。汉献帝以《汉书》繁博难读，诏荀悦为之删订，悦乃撰成《汉纪》三十卷。他自述云："列其年月，比其时事，撮要举凡，存其大体……以副本书。"又称："省约易习，无妨本书。"他的动机，本在于节抄旧书。但结构既新，遂成为创作。是书出后，学者称便。

自后仿作的遂很多，著名的有张璠及袁宏的《后汉纪》各三十卷，孙盛的《魏氏春秋》二十卷，习凿齿的《汉晋春秋》四十七卷，干宝的《晋纪》二十三卷，徐广的《晋纪》四十五卷，裴子野的《宋略》二十卷，吴均的《齐春秋》三十卷，何之元的《梁典》三十卷等。然除袁宏的《后汉纪》外，皆不传于世。清陈鹤有《明纪》六十卷，亦为一代的编年，今尚流传。

# 赤壁之战 注一

《资治通鉴》

初，鲁肃闻刘表卒，言于孙权曰："荆州与国邻接，江山险固，沃野万里，士民殷富，若据而有之，此帝王之资也。今刘表新亡，二子不协，军中诸将，各有彼此。刘备天下枭雄，与操有隙，寄寓于表，表恶其能而不能用也。若备与彼协心，上下齐同，则宜抚安，与结盟好；如有离违，宜别图之，以济大事。肃请得奉命吊表二子，并慰劳其军中用事者，及说备使抚表众，同心一意，共治曹操，备必喜而从命。如其克谐，天下可定也。今不速往，恐为操所先。"权即遣肃行。

到夏口，闻操已向荆州，晨夜兼道，比至南郡，而琮已降，备南走，肃径迎之，与备会于当阳长坂。肃宣权旨，论天下事势，致殷勤之意。且问备曰："豫州今欲何至？"备曰："与苍梧太守吴巨有旧，欲往投之。"肃曰："孙讨虏聪明仁惠，敬贤礼士，江表英豪，咸归附之，已据有六郡，兵精粮多，足以立事。今为君计，

注一　节选自《资治通鉴·汉纪·献帝建安十三年》。标题著者所拟。

莫若遣腹心自结于东，以共济世业。而欲投吴巨，巨是凡人，偏在远郡，行将为人所并，岂足托乎！”备甚悦。肃又谓诸葛亮曰：“我，子瑜友也。”即共定交。子瑜者，亮兄瑾也，避乱江东，为孙权长史。备用肃计，进住鄂县之樊口。

曹操自江陵将顺江东下。诸葛亮谓刘备曰：“事急矣，请奉命求救于孙将军。”遂与鲁肃俱诣孙权。亮见权于柴桑，说权曰：“海内大乱，将军起兵江东，刘豫州收众汉南，与曹操共争天下。今操芟夷大难，略已平矣，遂破荆州，威震四海。英雄无用武之地，故豫州遁逃至此，愿将军量力而处之！若能以吴、越之众与中国抗衡，不如早与之绝；若不能，何不按兵束甲，北面而事之！今将军外托服从之名而内怀犹豫之计，事急而不断，祸至无日矣。”权曰：“苟如君言，刘豫州何不遂事之乎？”亮曰：“田横，齐之壮士耳，犹守义不辱，况刘豫州王室之胄，英才盖世，众士慕仰，若水之归海。若事之不济，此乃天也，安能复为之下乎！”权勃然曰：“吾不能举全吴之地，十万之众，受制于人。吾计决矣！非刘豫州莫可以当曹操者；然豫州新败之后，安能抗此难乎？”亮曰：“豫州军虽败于长坂，今战士还者及关羽水军精甲万人，刘琦合江夏战士亦不下万人。曹操之众，远来疲敝，闻追豫州，轻骑一日一夜行三百余里，此所谓‘强弩之末势不能穿鲁缟’者也。故兵法忌之，曰‘必蹶上将军’。且北方之人，不习水战；又，荆州之民附操者，逼兵势耳，非心服也。今将军诚能命猛将统兵数万，与豫州协规同力，破操军必矣。操军破，必北还；如此，则荆、吴之势强，鼎足之形成矣。成败之机，在于今日！”权大悦，与其群下谋之。

是时，曹操遗权书曰：“近者奉辞伐罪，旌麾南指，刘琮束手。今治水军八十万众，方与将军会猎于吴。”权以示臣下，莫不响震失色。长史张昭等曰：“曹公，豺虎也，挟天子以征四方，动以朝廷为辞；今日拒之，事更不顺。且将军大势可以拒操者，长江也；今操得荆州，奄有其地，刘表治水军，蒙冲斗舰乃以千数，操悉浮以沿江，兼有步兵，水陆俱下，此为长江之险已与我共之矣，而势力众寡又不可论。愚谓大计不如迎之。”鲁肃独不言。权起更衣，肃追于宇下。权知其意，执肃手曰：“卿欲何言？”肃曰：“向察众人之议，专欲误将军，不足与图大事。今肃可迎操耳，如将军不可也。何以言之？今肃迎操，操当以肃还付乡党，品其名位，犹不失下曹从事，乘犊车，从吏卒，交游士林，累官故不失州郡也。将军迎操，欲安所归乎？愿早定大计，莫用众人之议也！”权叹息曰：“诸人持议，甚失孤望。今卿廓开大计，正与孤同。”

时周瑜受使至番阳，肃劝权召瑜还。瑜至，谓权曰：“操虽托名汉相，其实汉贼也。将军以神武雄才，兼仗父兄之烈，割据江东，地方数千里，兵精足用，英雄乐业，当横行天下，为汉家除残去秽；况操自送死，而可迎之邪！请为将军筹之：今北土未平，马超、韩遂尚在关西，为操后患；而操舍鞍马，仗舟楫，与吴、越争衡；今又盛寒，马无藁草；驱中国士众远涉江湖之间，不习水土，必生疾病。此数者用兵之患也，而操皆冒行之，将军禽操，宜在今日。瑜请得精兵数万人，进住夏口，保为将军破之！”权曰：“老贼欲废汉自立久矣，徒忌二袁、吕布、刘表与孤耳；今数雄已灭，惟孤尚存。孤与老贼势不两立，君言当击，甚与孤合，此天以君授孤也。”因拔刀斫前奏案曰：“诸将吏敢复有言当迎操者，与此案同！”乃罢会。

是夜，瑜复见权曰：“诸人徒见操书言水步八十万而各恐慑，不复料其虚实，便开此议，甚无谓也。今以实校之，彼所将中国人不过十五六万，且已久疲；所得表众亦极七八万耳，尚怀狐疑。夫以疲病之卒御狐疑之众，众数虽多，甚未足畏。瑜得精兵五万，自足制之，愿将军勿虑！”权抚其背曰：“公瑾，卿言至此，甚合孤心。子布、元表诸人，各顾妻子，挟持私虑，深失所望；独卿与子敬与孤同耳，此天以卿二人赞孤也。五万兵难卒合，已选三万人，船粮战具俱办。卿与子敬、程公便在前发，孤当续发人众，多载资粮，为卿后援。卿能办之者诚决，邂逅不如意，便还就孤，孤当与孟德决之。”遂以周瑜、程普为左右督，将兵与备并力逆操；以鲁肃为赞军校尉，助画方略。

刘备在樊口，日遣逻吏于水次候望权军。吏望见瑜船，驰往白备，备遣人慰劳之。瑜曰："有军任，不可得委署；傥能屈威，诚副其所望。”备乃乘单舸往见瑜曰："今拒曹公，深为得计。战卒有几？”瑜曰："三万人。”备曰："恨少。”瑜曰："此自足用，豫州但观瑜破之。”备欲呼鲁肃等共会语，瑜曰："受命不得妄委署；若欲见子敬，可别过之。”备深愧喜。

进，与操遇于赤壁。

时操军众，已有疾疫。初一交战，操军不利，引次江北。瑜等在南岸，瑜部将黄盖曰："今寇众我寡，难与持久。操军方连船舰，首尾相接，可烧而走也。”乃取蒙冲斗舰十艘，载燥荻、枯柴，灌油其中，裹以帷幕，上建旌旗，豫备走舸，系于其尾。先以书遗操，诈云欲降。时东南风急，盖以十舰最著前，中江举帆，余船以次俱进。操军吏士皆出营立观，指言盖降。去北军二里余，同时发火，火烈风猛，船往如箭，烧尽北船，延及岸上营落。顷之，烟炎张天，人马烧溺死者甚众。瑜等率轻锐继其后，雷鼓大震，北军大坏。操引军从华容道步走，遇泥泞，道不通，天又大风，悉使羸兵负草填之，骑乃得过。羸兵为人马所蹈藉，陷泥中，死者甚众。刘备、周瑜水陆并进，追操至南郡。时操军兼以饥疫，死者太半。操乃留征南将军曹仁、横野将军徐晃守江陵，折冲将军乐进守襄阳，引军北还。

# 第四节 | 纪事本末

## 【纪事本末是什么】

纪事本末与纪传、编年的不同，在于纪传以人为主，编年以时为主，而纪事本末则以事为主。纪事本末的创始人为宋袁枢，作有《通鉴纪事本末》。考袁枢本意，不过欲省翻检之劳，为自己研究谋一方便，故钞辑《通鉴》，以事为起讫，将千三百六十余年之书，约之为二百三十九事，不意书成而成为一新体。梁启超以为“善钞者可以成创作，荀悦《汉纪》而后，又见之于宋袁枢之《通鉴纪事本末》”。其言甚确。

## 【《通鉴纪事本末》】

《通鉴纪事本末》凡四十二卷，作者袁枢，为宋之建安人。枢依司马光《资治通鉴》，区别门目，以类排纂；每事各详起讫，自为标题；每篇各编年月，自为首尾；始于三家分晋，终于周世宗征淮南。宋孝宗见而嘉叹，以赐东宫及江上诸帅。但全书所述，仅限于政事，关于社会其他部分的事项，尚付阙如。因为作者本以钞《通鉴》为主，所述不容出《通鉴》以外，故亦无怪其然。

较后，有杨仲良的《皇宋通鉴长编纪事本末》。李焘所著《续资治通鉴长编》，卷帙繁重，仲良乃另为分门别类，编成此书。每类之中，仍以编年纪事。计太祖七卷，太宗七卷，真宗十四卷，仁宗二十四卷，英宗四卷，神宗三十四卷，哲宗二十六卷，徽宗二十八卷，钦宗六卷，共一百五十卷。每朝各有事目，目中复有子目，北宋百七十年中政制的沿革兴废，粲然具备。且李焘原书，今本已佚去徽、钦二朝，赖此得以考见它的大概。仲良此作，宋、元、明三代的史志及诸家目录，均不见著录，清代编《四库全书》时亦未见。阮元得钞本进呈，为作提要，始显于世。

## 【宋元明史纪事本末】

《宋史纪事本末》二十六卷注一，乃明人陈邦瞻所作。起先有礼部侍郎冯琦，欲仿《通鉴纪事本末》的例，论次宋代事迹，分类排纂，以续袁枢的书，未成而没。御史刘曰梧得他的遗稿，因命邦瞻增订成书。注二全书十之三为琦原作，十之七为邦瞻所增，自太祖代周，至文、谢之死，分一百九目。书中纪事，兼及辽、金，故《四库全书》以为："当称《宋辽金三史纪事》，方于体例无乖。"

邦瞻又著《元史纪事本末》，凡四卷，列目二十有七注三。其中《律令之定》一条，为臧懋修所增。是书根据，不出《元史》与《续纲目》二书；又于元、明间事，以为应入《明史》，故远不及《宋史纪事本末》的赅博。

《明史纪事本末》为清人谷应泰所撰，凡八十卷，每卷一目。此书成时，《明史》尚未刊定，故取材多从野史。相传张岱尝辑明一代遗事，作《石匮藏书》；应泰撰此书，乃以五百金购

注一　此书版本有十卷、二十八卷、一百九卷之别，一百九卷系以篇为卷。著者谓二十六卷，盖袭《四库全书总目》之误。

注二　刘曰梧系冯琦弟子，他交予陈邦瞻增订的未竟书稿，尚有侍御史沈越的《事纪》，同样是以纪事本末体编纂宋代事实。故下文所谓冯三陈七亦不确切。著者本《四库全书总目》而仍其误。

注三　此书版本有四卷、六卷、二十七卷之别，二十七卷系以篇为卷。

求其稿，岱慨然允[注一]。应泰此书，如与取材仅囿于正史的他书相较，实有天壤之别。

## 【其他纪事本末诸作】

此外以纪事本末为书名的，尚有高士奇的《左传纪事本末》五十四卷[注二]，杨陆荣的《三藩纪事本末》四卷，张鑑的《西夏纪事本末》三十六卷，李有棠的《辽史纪事本末》四十卷，《金史纪事本末》五十二卷。此五书，与前述四种纪事本末合称九种纪事本末，颇行于世。

此外尚有不名为纪事本末，而其书在纪事本末一类书中占有极高的位置的，为马骕的《绎史》。此书纂录开辟至秦末的事，首为世系图、年表，不入卷数，次太古十卷，次三代二十卷，春秋七十卷，战国五十卷，别录十卷，凡一百六十卷。每事各立标题，详其始末。其事迹皆引古籍，先后排比；相类的事，则随文附注；或有异同讹舛，则为疏通辨证。故与他书仅仅排纂年月，镕铸成篇者，迥不相同。

注一　据《四库全书总目》引邵廷采《思复堂集·明遗民传》，谷应泰参考的明史著述，除张岱的《石匮书》（列传）外，尚有谈迁的《国榷》（编年）。
注二　应为五十三卷。

# 平蜀盗[注一]

《明史纪事本末》

武宗正德三年冬十月，四川保宁贼蓝廷瑞、鄢本恕走汉中，攻陷郡县。起右副都御史林俊巡抚四川，兼赞理军务，督兵讨之。初，廷瑞行山中，得古弃印，亡何，又得一剑，自谓有天命，遂与其党惑愚民倡乱。时保宁贼刘烈亦聚众作乱，侵掠陕西汉中等处。

四年十二月，蓝廷瑞自称顺天王，鄢本恕自称刮地王，廖惠自称扫地王。合众十万，入寇湖广郧阳等处。已而闻巡抚林俊督兵捕剿，因流侵他境。

刘烈等复还至四川。初，烈等四出剽掠，侵陕西汉中，势颇猖獗，至是复还。敕巡抚都御史林俊相机剿贼。未几，刘烈为乱兵所杀，余党廖麻子、喻思俸复炽。

五年春正月，命刑部尚书洪钟兼左都御史总督川、陕、湖广、河南四省军务，征剿四川等处流贼。

夏四月，蓝廷瑞、廖惠等破通江县，林俊遣官兵

注一　此系节选，未录末段的史论。

及调僆、回石砫等处土兵攻败之，杀溺死者六千余人，生擒廖惠。蓝廷瑞奔红口与鄢本恕合兵，过陕西汉中三十六盘至大巴山。俊复遣兵追及，大败之，贼弃辎重走。

六年春正月朔，江津贼曹甫自称顺天王，攻围县治，佥事吴景被杀。巡抚都御史林俊闻报驰赴，乘元日贼方醉酒，不设备，乃夜半蓐食，衔枚往围烧之，贼奔溃。又于山坪、伏子岸等连战败之。抵贼营，杀死曹甫等。先后擒斩三千余人，收回被掠男妇七百余口，获马骡器仗无算。

五月，鄢本恕、蓝廷瑞等纵掠蓬、剑二州。命总制尚书洪钟同巡抚林俊、总兵杨宏相机剿捕，以靖地方。复敕巡视都御史高崇熙、镇守太监韦兴同洪钟、林俊会剿剧贼蓝廷瑞、鄢本恕。

六月，洪钟至四川，与林俊议多不合，军机牵制，不得速进。蓝廷瑞招集散亡，势复大振，攻烧营山县治，杀佥事王源。钟乃会俊督四川兵，陕西巡抚都御史蓝章督陕西兵，及檄湖广、河南兵，分路进剿，钟与俊亲监督之。湖广兵先追及于陕西石泉县熨斗坝，贼见追急，求招抚，令至四川东乡县金宝寺听抚。钟给榜示并檄召廷瑞等，约日出降。贼意在缓师，延至六月十四日始至信地，依山驻营。廷瑞、本恕俱不出，俱使人来言欲得营山县治，或临江市驻其众，方出见，且要取旗牌官为质，钟等俱许之。鄢本恕来见回营，蓝廷瑞始复来见，且降且肆杀掠。仍于松树垭劫掠民家，计欲脱走。官兵分七哨扼之，不得间，贼窘甚，渐溃散。十五日，廷瑞以所掠女子诈为己女，嫁与领兵士舍彭世麟为妾，结欢世麟。世麟白军门受之，遂邀贼首至营宴会。钟令廷瑞所亲鲜于金说廷瑞及本恕于十六日帅诸贼二十八人同至，彭世麟赴宴，伏兵尽擒之。众闻变，遂大溃，四出奔逸山谷。钟等遣诸路兵分道追剿之，擒斩溺死并俘获老弱兵仗骡马甚众。未尽者，许自首抚之。惟贼首廖麻子未获。捷闻，加钟太子太保，俊、章升赉有差。

江津贼曹甫余党方四、任胡子、麻六儿等拥众走綦江，入思南、石阡等府。方四伪称总兵，任胡子伪称御史，贼首三十余人伪称评事等名。贵州兵败之于思南，播州兵败之于三跳等处，先后擒斩三千人。贼由贵州复入四川。

八月，贼攻南川、马颈、雀子冈等关，官兵御之。又攻东乡、永澄诸处，僰、回兵御之，前后颇有斩获。会百户柳芳等阵没，官军却，贼遂声言欲取江津、重庆、泸州、叙州，以攻成都，远近震骇。林俊驻江津，高崇熙驻泸州，太监韦兴驻成都，都御史王纶驻重庆。

檄副使何珊、都指挥邹庆帅兵由合江进。副使李钺、知府曹恕率兵由江津进，夹攻之。

九月，贼攻江津，会石砫兵至，并力御之，贼败走。追至合小坪，破其四营。贼以八千人舁攻具复攻江津，林俊、李钺、曹恕督西阳、播州、石砫等兵，三道迎击之。贼败，追至高观山，斩首五百余级，俘获二百余人。官兵乘胜追击，贼乃乘高下石，不得进。贼复拥众，时出冲击，李钺几不免，赖从吏何士昂等力战得解。林俊见贼势犹盛，遣降贼周大富入营招抚之。方四伪令其党李廷茂出降，竟不出。高崇熙知贼首皆仁寿人，遣人诣仁寿，取各贼家属入营，招之。方四等杀其族属，不听抚。遣人来言，听其自散去乃从。翼日，李钺督诸将校，分兵为六哨，由大垭、小垭、月垭关并进，直冲高梁，贼不能支。六面皆合，破其中坚，斩贼首任胡子等，贼大败。追杀三十余里，斩首一千八百余级，生擒方四妻妾，俘获男妇三千四百余人，余众坠崖填壑数里，夺获马骡四千五百有奇。士兵乘胜追剿，又杀二百余人。贼见官兵少，还击，杀千户田宣、冉廷质等。方四妻妾复逸去，遂率余贼二千余人遁入思南境内。

巡抚右副都御史林俊乞致仕，许之。时宦者用事，各边征剿必以其弟侄私人，寄名兵籍，冒功升赏。

俊一切拒绝，权幸恶之。又与洪钟议多不合，因乞致仕。疏上，忌者谓盗已平，内批即允之。台谏疏留，不报。俊归，蜀人号哭追送。未几，麻六儿、喻思俸、骆松祥、范藻等贼复炽，内江、崇庆之境，骚然逾年，不能定矣。

命巡抚都御史高崇熙调兵讨方四、廖麻子、麻六儿等。

七年二月，江津贼方四等，自去年正月奔贵州，八月复聚，至是劫掠南川等县，高崇熙连战败走之。闰五月，方四自南川破綦江，佥事马昊败之，奔婺川，众遂散。乃变姓名潜走，开县义官李清获之，送于官。

十一月，汉中贼廖麻子、喻思俸，内江贼骆松祥，崇庆贼范藻等分劫州县，众号二十万。洪钟分剿不暇给，御史王纶劾钟纵寇殃民，罢职。命右都御史彭泽总制军务，同总兵时源征之。

八年二月，巡抚四川右都御史高崇熙以盗贼不尽灭，逮下狱。以右佥都御史马昊巡抚四川。

夏四月，彭泽率苗兵攻汉中剧贼廖麻子，破之。众遁窜山寨，多伏匿箐棘中。泽分兵扼出入，夺水道渡，开一面纵贼，夹诛之且尽。廖有异术，能隐形，事急跳身遁，购之卒不获。因移兵内江讨松祥，平之。

九年春正月，彭泽率兵讨崇庆剧贼范藻等，平之。

四川群盗悉定，加总制军务彭泽为太子太保，左都御史时源为左都督。

# 第五节 | 政 书

## 【政书是什么】

政书一目,《隋书·经籍志》分为旧事、仪注、刑法三类,遂为后代的多数目录学家所依据。旧事或称故事,亦作典故;仪注或作礼法;刑法亦作政刑,亦称法令,仅名称上略有不同。清代编《四库全书》,始据钱溥《秘阁书目》,合并为政书一门,成为四种重要史体之一。

政书专记文物制度,系导源于纪传体的书志一门。然纪传体大都为断代史,故所叙书志,如欲追叙来源于前代,则有犯体制；不叙则又原委不明，往往捉襟见肘，不能尽善尽美。于是令人感到有统括史志，别成专书的必要。唐人杜佑的《通典》，便是应这要求的第一部创作。

## 【《通典》】

《通典》凡二百卷，分为《食货》、《选举》、《职官》、《礼》、《乐》、《兵刑》、《州郡》及《边防》八门[注一]，每门又各分子目。门目的次序的先后，据他的《自序》里说："既富而教，故先《食货》；行教化在设官，任官在审才，审才在精选举，故《选举》、《职官》次焉；人才得而治以理，乃兴礼乐，故次《礼》次《乐》；教化隳则用刑罚，故次《兵》次《刑》；设州郡分领，故次《州郡》；而终之以《边防》。"[注二]是很有意义的。所载上始黄、虞，讫于唐之天宝；肃、代以后，或有沿革，亦附载注中。

此书虽名为杜佑创作，实在也有蓝本。在他之先，有刘秩这个人，尝仿《周官》体制，摭拾百家旧籍，分门排比，作《政典》三十五卷。佑以为犹未详备，因补其所缺，增益新目，遂另成这部巨著。此书虽以创作推尊，然疏漏实多，而体制亦不如

注一　著者据《四库全书总目》而云然。《通典》实分九门，《兵》与《刑法》各为一门。
注二　著者所引并非《通典·自序》原文，而系《四库全书总目》对杜序的概括，且有脱字，已据补。

宋人郑樵《通志》的可取。

## 【《通志》】

《通志》亦二百卷，它的体裁，和《通典》不同，为通史体。梁武帝尝敕吴均等续《史记》作《通史》六百二十卷，上自汉代的太初，下终齐代，其书不久即散佚。郑樵继为此书，凡成帝纪十八卷，皇后列传二卷，年谱四卷，略五十一卷，列传一百二十五卷[注一]。其中纪、传二体，大抵删录诸史，稍有移掇，为例不纯；年谱仿《史记》诸表的例，惟间以大封拜、大政事错杂其中，亦繁漏无定。后人谓其“终是向司马迁圈中讨生活，松柏之下，其草不植”，评骘颇确。

至作者平生精力所萃，全在书中二十略。二十略之目，为《氏族》、《六书》、《七音》、《天文》、《地理》、《都邑》、《礼》、《谥》、《器服》、《乐》、《职官》、《选举》、《刑法》、《食货》、《艺文》、《校雠》、《图谱》、《金石》、《灾祥》及《草木昆虫》。其中《氏族》、《六书》、《七音》、《都邑》及《草木昆虫》五略，都为旧史书志所无。凡读《通志》的人，都注意他的二十略而不及其他，

注一 《四库全书总目》漏计部类，错算卷数，著者因之。实则本纪十八卷，后妃传二卷，年谱四卷，二十略五十二卷，周同姓世家一卷，宗室传八卷，周异姓世家二卷，列传一百十三卷，总二百卷。

故《书目答问》也把它列入政书门中，现代学者也都以政书目之。《二十略》明代已有单刻本，可见古今人的眼光大致相近。

## 【《文献通考》】

《文献通考》为元人马端临所撰。全书凡三百四十八卷，计《田赋考》七卷、《钱币考》二卷、《户口考》二卷、《职役考》二卷、《征榷考》六卷、《市籴考》二卷、《土贡考》一卷、《国用考》五卷、《选举考》十二卷、《学校考》七卷、《职官考》二十一卷、《郊社考》二十三卷、《宗庙考》十五卷、《王礼考》二十二卷、《乐考》二十一卷、《兵考》十三卷、《刑考》十二卷、《经籍考》七十六卷、《帝系考》十卷、《封建考》十八卷、《象纬考》十七卷、《物异考》二十卷、《舆地考》九卷及《四裔考》二十五卷。注一 此书以杜佑的《通典》作蓝本，所以《田赋》等十九考，皆依《通典》而重加离析；惟《经籍》、《帝系》、《封建》、《象纬》、《物异》五考，则广《通典》所未及。

章学诚评它"无别识，无通裁"注二，因为它不是创作的原

注一　马端临《自序》述及诸考卷数，中《乐考》刻本误作十五卷，四库馆臣未检目录及正文，遽尔据以写入提要。此节论述著者虽捃拾《四库全书总目》，但改正了这一失误。另，《郊社考》刻本《自序》作《郊祀考》，与目录和正文不合。

注二　见《文史通义·内篇·释通》，原文无第二个"无"字。

故。然其体制虽不及《通典》的简严，而详赡则远过于《通典》，所以它得与《通典》、《通志》并列为三《通》，到现在仍相沿不废。

## 【三《通》的续书】

《通典》在三《通》中成书较前，故宋人已有续作。《宋史·艺文志》有宋白《续通典》二十卷[注一]，系咸平中奉诏所作；起唐至德初，止周显德末，凡二百余年。其书今已亡佚。乾隆时，敕诸臣撰《续通典》一百四十四卷[注二]，起唐肃宗至德元年，终明崇祯末年；又敕撰《皇朝通考》一百卷[注三]，体制均依杜佑原书。同时又敕撰《续通志》五百二十七卷[注四]，亦止于明末，其中列传一门，较郑樵原书，略有订增；《皇朝通志》二百卷[注五]，省纪、传、年谱不作，仅为二十略，为纯粹的政书。

《文献通考》的续作，先有明人王圻的《续文献通考》二百五十四卷，其书今犹存。清高宗以其“体例糅杂，颠舛丛生”，敕命群臣重撰，书成而王圻书几废。敕撰的《续文献通

注一　检《宋史·艺文志》，尚有一撰者李宗谔。
注二　此据《四库全书总目》，实为一百五十卷。
注三　应作《皇朝通典》。
注四　此据《四库全书总目》，实为六百四十卷。
注五　此据《四库全书总目》，实为一百二十六卷。

考》凡二百五十二卷，分门一依马端临原书[注一]，间取王圻所作，然所存不及十一。同时又敕撰《皇朝文献通考》二百六十六卷[注二]，分门初亦依马氏原目，嗣增《群庙》、《群祀》二门，故为二十六目。这二书与马端临原作合称三《通考》。

上述三《通》、续三《通》及皇朝三《通》，总称为九《通》。研究的人或嫌其卷帙过繁，互多重复，乃有《三通考详节》、《文献通考节要》、《九通通》、《二十四史九通政典类要》等节本行世，但删节适当的可称没有。

注一　此据《四库全书总目》，实为二百五十卷，且较马氏书多出《群祀考》、《群庙考》二门。
注二　此据《四库全书总目》，实为三百卷。

## 文献通考序 注一

马端临

昔荀卿子曰："欲观圣王之迹，则于其粲然者矣，后王是也。"君子审后王之道而论于百王之前，若端拜而议。然则考制度，审宪章，博闻而强识之，固通儒事也。《诗》、《书》、《春秋》之后，惟太史公号称良史，作为纪、传、书、表。纪、传以述理乱兴衰，八书以述典章经制，后之执笔操简牍者，卒不易其体。然自班孟坚而后，断代为史，无会通因仍之道，读者病之。至司马温公作《通鉴》，取千三百余年之事迹，十七史之纪述，萃为一书，然后学者开卷之余，古今咸在。然公之书，详于理乱兴衰，而略于典章经制；非公之智有所不逮也，编简浩如烟埃，著述自有体要，其势不能以两得也。窃尝以为理乱兴衰，不相因者也。晋之得国异乎汉，隋之丧邦殊乎唐，代各有史，自足以该一代之始终，无以参稽互察为也。典章经制，实相因者也。殷因夏，周因殷，继周者之损益，百世可知，圣人盖已预言

注一　节选自《文献通考·自序》。

之矣。爰自秦汉以至唐宋，礼乐、兵刑之制，赋敛、选举之规，以至官名之更张，地理之沿革，虽其终不能以尽同，而其初亦不能以遽异。如汉之朝仪官制，本秦规也，唐之府卫租庸，本周制也。其变通张弛之故，非融会错综，原始要终而推寻之，固未易言也。其不相因者，犹有温公之成书；而其本相因者，顾无其书，独非后学之所宜究心乎！唐杜岐公始作《通典》，肇自上古，以至唐之天宝，凡历代因革之故，粲然可考。其后宋白尝续其书至周显德；近代魏了翁又作《国朝通典》。然宋之书成而传习者少，魏尝属稿而未成书。今行于世者，独杜公之书耳，天宝以后盖阙焉。有如杜书纲领弘大，考订该洽，固无以议为也。然时有古今，述有详略，则夫节目之间未为明备，而去取之际颇欠精审，不无遗憾焉。盖古者因田制赋，赋乃米粟之属，非可析之于田制之外也；古者任土作贡，贡乃包篚之属，非可杂之于税法之中也；乃若叙选举则秀孝与铨选不分，叙典礼则经文与传注相汩，叙兵则尽遗赋调之规，而姑及成败之迹，诸如此类，宁免小疵。至于天文、五行、艺文，历代史各有志，而《通典》无述焉。马、班二史各有诸侯王列侯表，范晔《东汉书》以后无之，然历代封建王侯未尝废也。王溥作唐及五代《会要》，首立《帝系》一门，以叙各帝历年之久近，传授之始末，次及后妃、皇子、公主之名氏、封爵，后之编会要者仿之；而唐以前则无其书。凡是二者，盖历代之统纪、典章系焉。而杜书亦复不及，则亦未为集著述之大成也。

愚自蚤岁盖尝有志于缀辑，顾百忧薰心，三余少暇，吹竽已涩，汲绠不修，岂复敢以斯文自诡。昔夫子言夏殷之礼，而深慨文献之不足征，释之者曰："文，典籍也；献，贤者也。"生乎千百载之后而欲尚论千百载之前，非史传之实录具存，何以稽考，儒先之绪言未远，足资讨论，虽圣人亦不能臆为之说也。窃伏自念，业绍箕裘，家藏坟索，插架之收储，趋庭之问答，其于文献盖庶几焉。尝恐一旦散轶失坠，无以属来哲，是以忘其固陋，辄加考评，旁搜远绍，门分汇别，曰《田赋》，曰《钱币》，曰《户口》，曰《职役》，曰《征榷》，曰《市籴》，曰《土贡》，曰《国用》，曰《选举》，曰《学校》，曰《职官》，曰《郊社》，曰《宗庙》，曰《王礼》，曰《乐》，曰《兵》，曰《刑》，曰《舆地》，曰《四裔》，俱效《通典》之成规。自天宝以前，则增益其事迹之所未备，离析其门类之所未详；自天宝以后至宋嘉定之末，则续而成之，曰《经籍》，曰《帝系》，曰《封建》，曰《象纬》，曰《物异》，则《通典》元未有论述而采摭诸书以成之者也。凡叙事，则本之经史，而参之以历代会要，以及百家传记之书，信而有证者从之，乖异传疑者不录，所谓文也。凡论事，则先取当时臣僚之奏疏，次及近代诸儒之评论，以至名流之燕谈，稗官之纪录，凡一话一言，可以订典故之得失，证史传之是非者，则采而录之，所谓献也。其载诸史传之纪录而可疑，稽诸先儒之论辨而未当者，研精覃思，悠然有得，则窃著己意，附其后焉。命其书曰《文献通考》，为门二十有四，卷三百四十有八，而其每门著述之成规，考订之新意，各以小序详之。昔江淹有言："修史之难，无出于志。"诚以志者宪章之所系，非老于典故者不能为也。陈寿号善叙述，李延寿亦称究悉旧事，然所著二史，俱有纪传而独不克作志，重其事也。况上下数千年，贯串二十五代，而欲以末学陋识，操觚窜定其间，虽复穷老尽气，刿目鉥心，亦何所发明，聊辑见闻以备遗忘耳。后之君子，傥能芟削繁芜，增广阙略，矜其仰屋之勤，而俾免于覆车之愧，庶有志于经邦稽古者或可考焉。

古之帝王，未尝以天下自私也。故天子之地千里，公侯皆方百里，伯七十里，子、男共五十里，而王畿之内，复有公卿、大夫采地禄邑，各私其土，子其人，而子孙世守之。其土壤之肥硗，生齿之登耗，视之如其家，不烦考核而奸伪无所容。故其时，天下之田悉属于官，民仰给于官者也，故受田于官，食其力而输其赋，仰事俯育，一视同仁，而无甚贫甚富之民，此三代之制也。秦始以宇内自私，一人独运于其上，而守宰之任，骤更数易，视其地如传舍，而闾里之情伪，虽贤且智者不能周知也。守宰之迁除，其岁月有限；而田土之还受，其奸敝无穷，故秦汉以来，官不复可授田，遂为庶人之私有，亦其势然也。虽其间如元魏之泰和，李唐之贞观，稍欲复三代之规，然不久而其制遂隳者，盖以不封建而井田不可复行故也。

三代而上，天下非天子所得私也；秦废封建，而始以天下奉一人矣。三代以上，田产非庶人所得私也；秦废井田，而始捐田产以予百姓矣。秦于其当与者取之，所当取者与之。然所袭既久，反古实难，欲复封建，是自割裂其土宇以启纷争；欲复井田，是强夺民之田亩以召怨讟，书生之论，所以不可行也。随田之在民者税之，而不复问其多寡，始于商鞅；随民之有田者税之，而不复视其丁中，始于杨炎。三代井田之良法坏于鞅，唐租庸调之良法坏于炎。二人之事，君子所羞称，而后之为国者，莫不一遵其法；一或变之，则反至于烦扰无稽，而国与民俱受其病。则以古今异宜故也。作《田赋考第一》，叙历代因田制赋之规，而以水利、屯田、官田附焉，凡七卷。

生民所资，曰衣与食，物之无关于衣食而实适于用者，曰珠玉五金。先王以为衣食之具未足以周民用也，于是以适用之物作为货币以权之。故上古之世，以珠玉为上币，黄金为中币，刀布为下币（刀布即古钱之名）。然珠玉黄金为世难得之货，至若权轻重，通贫富，而可以通行者，惟铜而已。故九府圜法，自周以来，未之有改也。然古者俗朴而用简，故钱有余；后世俗侈而用糜，故钱不足。于是钱之直日轻，钱之数日多，数多而直轻，则其致远也难。自唐以来，始创为飞券钞引之属，以通商贾之厚赍贸易者。其法盖执券引以取钱，而非以券引为钱也。宋庆历以来，蜀始有交子；建炎以来，东南始有会子。自交、会既行，而始直以楮为钱矣。夫珠玉黄金，可贵之物也；铜虽无足贵，而适用之物也。以其可贵且适用者制币而通行，古人之意也；至于以楮为币，则始以无用为用矣。举方尺腐败之券，而足以奔走一世，寒借以衣，饥借以食，贫借以富，盖未之有。铜重而楮轻，鼓铸繁难而印造简易，今舍其重且难者而用其轻且易者，而又下免犯铜之禁，上无搜铜之苛，亦一便也。作《钱币考第二》，凡二卷。

古者户口少而皆才智之人，后世生齿繁而多窳惰之辈。钧是人也，古之人，方其为士，则道问学；及其为农，则力稼穑；及其为兵，则善战阵，投之所向，无不如意。是以千里之邦，万家之聚，皆足以世守其国而捍城其民。民众则其国强，民寡则其国弱，盖当时国之与立者民也。光岳既分，风气日漓，民生其间，才益乏而智益劣。士拘于文墨，而授之介胄则惭；农安于犁锄，而问之刀笔则废。以至九流百工释老之徒，食土之毛者，日以繁夥，其肩摩袂接，三孱不足以满隅者，总总也。于是民之多寡，不足为国之盛衰。官既无借于民之材，而徒欲多为之法以征其身，户调口赋，日增月益，上之人厌弃贱薄，不倚民为重，而民益穷苦憔悴，只以身为累矣。作《户口考第三》，叙历代户口之数与其赋役，而以奴婢、占役附焉，凡二卷。

役民者官也，役于官者民也。郡有守，县有令，乡有长，里有正，其位不同，而皆役民者也。在军旅则执干戈，兴土木则亲畚锸，调征行则负羁绁，以至追胥力作之任，其事不同，而皆役于官者也。役民者逸，役于官者劳，其理则然。然则乡长里正非役也，后世乃虐用其民，为乡长里正者，不胜诛求之苛，各萌避免之意，而始命之曰户役矣。唐宋而后，下之任户役者，其费日重；上之议户役者，其制日详，于是曰差，曰雇，曰义，纷纭杂袭，而法出奸生，莫能禁止。噫！成周之里宰党长，皆有禄秩之命官；两汉之三老啬夫，皆有誉望之名士，盖后世之任户役者也，曷尝凌暴之至此极乎！作《职役考第四》，叙历代役法之详，而以复除附焉，凡二卷。

征榷之途有二：一曰山泽，茶盐坑冶是也；二曰关市，酒酤征商是也。羞言利者则曰："县官当食租衣税而已，而欲与民庶争货殖之利，非王者之事也。"善言利者则曰："山海天地之藏而豪强擅之，关市货物之聚而商贾擅之，取之于豪强商贾以助国家之经费，而毋专仰给于百姓之赋税，是崇本抑末之意，乃经国之远图也。"自是说立，而后之加详于征榷者，莫不以借口。征之不已，则并其利源夺之。官自煮盐、酤酒、采茶、铸钱，以至市易之属，利源日广，利额日重，官既不能自办，而豪强商贾之徒又不可复擅，然既以立为课额，则有司者不任其亏减，于是又为均派之法，或计口而课盐钱，或望户而榷酒酤，或于民之有田者计其顷亩，令于赋税之时带纳以求及额，而征榷遍于天下矣。盖昔之榷利，曰取之豪强商贾之徒以优农民，及其久也，则农民不获豪强商贾之利，而代受豪强商贾之榷。有识者知其苛横，而国计所需，不可止也。作《征榷考第五》，首叙历代征商之法；盐铁始于齐，则次之；榷酤始于汉，榷茶始于唐，则又次之；杂征敛者，若津渡间架之属，以至汉之告缗，唐之率贷，宋之经总制钱，皆衰世一切之法也，又次之，凡六卷。

市者，商贾之事也。古之帝王，其物货取之任土所贡而有余，未有国家而市物者也。而市之说，则昉于《周官》之泉府，后世因之，曰均输，曰市易，曰和买，皆以泉府借口者也。籴者，民庶之事。古之帝王，其米粟取之什一所赋而有余，未有国家而籴粟者也。而籴之说，则昉于齐桓公、魏文侯之平籴，后世因之，曰常平，曰义仓，曰和籴，皆以平籴借口者也。然泉府与平籴之立法也，皆所以便民。方其滞于民用也，则官买之籴之，及其适于民用也，则官卖之粜之，盖懋迁有无，曲为贫民之地，初未尝有一毫征利富国之意，然沿袭既久，古意浸失。其市物也，亦诿曰榷蓄贾居货待价之谋，及其久也，则官自效商贾之为，而指为富国之术矣。其籴粟也，亦诿曰救贫民谷贱钱荒之弊，及其久也，则官未尝有及民之惠，而徒利积粟之人矣。至其极弊，则名曰和买、和籴，而强配数目，不给价直，鞭笞取足，视同常赋。盖古人恤民之事，后世反借以厉民，不可不究其颠末也。作《市籴考第六》，凡二卷。

《禹贡》八州皆有贡物，而冀州独无之。甸服有米粟之输，而余四服俱无之。说者以为"王畿之外，八州俱以田赋所当供者市易所贡之物，故不输粟"。然则土贡即租税也。汉唐以来，任土所贡，无代无之，著之令甲，犹曰当其租入。然叔季之世，务为苛横，往往租自租而贡自贡矣。至于珍禽奇兽，袲服异味，或荒淫之君降旨取索，或奸谄之臣希意创贡，往往有出于经常之外者，甚至捐留官赋，阴增民输，而命之曰“羡余”，以供贡奉。上下相蒙，苟悦其名，而于百姓则重困矣。作《土贡考第七》，凡一卷。

贾山至言曰：“昔者周盖千八百国，以九州之民养千八百国之君，君有余财，民有余力，而颂声作。秦皇帝以千八百国之民自养，力罢不能胜其役，财尽而不能胜其求。一君之身耳，所自养者驰骋弋猎之娱，天下弗能供也。”然则国之废兴，非财也，财少而国延，财多而国促，其效可观矣。然自《周官》六典，有太府，又有王府、内府，且有惟王不会之说，后之为国者因之。两汉财赋，曰大农者，国家之帑藏也；曰少府，曰水衡者，人主之私蓄也。唐既有转运度支，而复有琼林大盈；宋既有户部三司，而复有封椿内藏，于是天下之财，其归于上者，复有公私。恭俭贤主，常捐内帑以济军国之用，故民裕而其祚昌；淫侈僻王，至糜外府以供耳目之娱，故财匮而其民怨。此又历代制国用者龟鉴也。作《国用考第八》，叙历代财计首末，而以漕运、赈恤、蠲贷附焉，凡五卷。

古之用人，德行为首，才能次之。虞朝载采，亦有九德；周家宾兴，考其德行，于才不屑屑也。两汉以来，刺史守相得以专辟召之权；魏晋而后，九品中正得以司人物之柄，皆考之以里闬之毁誉，而试之以曹掾之职业，然后俾之入备王宫，以阶清显。盖其为法虽有愧于古人德行之举，而犹可以得才能之士也。至于隋，而州郡僚属皆命于铨曹，搢绅发轫悉由于科目。自以铨曹署官，而所按者资格而已，于是勘籍小吏得以司升沈之权；自以科目取士，而所试者词章而已，于是操觚末技得以阶荣进之路。夫其始进也，试之以操觚末技而专主于词章；其既仕也，付之于勘籍小吏而专校其资格，于是选贤与能之意无复存者矣。然此二法者，历数百年而不可以复更，一或更之，则荡无法度，而侥滥者愈不可澄汰，亦独何哉！又古人之取士，盖将以官之。三代之时，法制虽简而考核本明，毁誉既公而贤愚自判，往往当时士之被举者未有不入官，初非有二途也。降及后世，巧伪日甚，而法令亦滋多，遂以科目为取士之途，铨选为举官之途，二者各自为防闲检柅之法。至唐则以试士属之礼部，试吏属之吏部，于是科目之法，铨选之法，日新月异，不相为谋。盖有举于礼部而不得官者，不举于礼部而得官者，而士之所以进身之涂辙，亦复不一，不可比而同之也，于是立举士、举官两门以该之。作《选举考第九》，凡十二卷。

古之教者，家有塾，党有庠，术有序，国有学。所谓学校，至不一也。然惟国学有司乐、司成，专主教事，而州闾乡党之学，则未闻有司职教之任者。及考《周礼·地官》，党正各掌其党之政令教治，孟月属民而读法，祭祀则以礼属民；州长掌其州之教治政令，考其德行道艺，纠其过恶而劝戒之。然后知党正即一党之师也，州长即一州之师也，以至下之为比长闾胥，上之为乡遂大夫，莫不皆然。盖古之为吏者，其德行道艺，俱足以为人之师表，故发政施令，无非教也。以至使民兴贤，出使长之，使民兴能，入使治之。盖役之则为民，教之则为士，官之则为吏，钧是人也。秦汉以来，儒与吏始异趋，政与教始殊途，于是曰郡守，曰县令，则吏所以治其民；曰博士官，曰文学掾，则师所以教其弟子。二者漠然不相为谋，所用非所教，所教非所用。士方其从学也，曰习读，及进而登仕版，则弃其诗书礼乐之旧习，而从事乎簿书期会之新规。古人有言曰："吾闻学而后入政，未闻以政学者。"后之为吏者，皆以政学者也。自其以政学，则儒者之学术皆筌蹄也，国家之学宫皆刍狗也，民何由而见先王之治哉！又况荣途捷径，旁午杂出，盖未尝由学而升者滔滔也。于是所谓学者，姑视为粉饰太平之一事，而庸人俗吏直以为无益于兴衰理乱之故矣。作《学校考第十》，叙历代学校之制，及祠祭褒赠先圣先师之首末，幸学养老之仪，而郡国乡党之学附见焉，凡七卷。

# 习题三

1. 史官和史书的关系怎样?

2. 梁启超把中国历史分为哪几类?

3. 中国著名史学家有哪几人?

4. 通常所称四史、十七史、二十二史、二十四史指哪几部书?

5.《汉书》为何人所作? 它和《史记》有什么不同?

6. 今本《后汉书》是否全为范晔所作?

7.《三国志》的作者为谁? 内容若何?

8. 二十四史中哪几种史是重复的?

9. 编年史与纪传史有什么不同?

10.《竹书纪年》的来历和内容怎样?

11.《资治通鉴》是什么体裁?

12. 荀悦作《汉纪》的动机怎样?

13. 纪事本末与编年、纪传有什么不同?

14. 纪事本末体是谁所创?

15.《通鉴纪事本末》的体裁怎样?

16.《元史纪事本末》为什么不录元明间事？

17.《明史纪事本末》与他种纪事本末有什么不同？

18. 政书为什么从正史中独立出来？

19.《通志》既为纪传体通史，为什么列入政书类？

20. 九《通》、三《通》、三《通考》是什么书？

# 第四章 文学

## 第一节 | 总论

### 【文与文学】

在中国的古书里，文与文学的意义全不相同。

文字的意义有三：一为纹画的文。如《说文解字》："文，错画也。"《礼记》："被发文身。"《周礼》："画缋之事……青与赤为之文。"二为文饰的文。如《论语》："文质彬彬。"《广雅》："文，饰也。"《左传》："言之无文，行而不远。"三为文字的文。如《孟子》："不以文害辞。"《说文解字·序》："依类象形谓之文。"《左传》："有文在其手。"

至于文学二字的意义，既与文字不同，也和近世所谓文学不相合。

古书上的文学二字的意义有三：一为学科的名称。如《论语》："文学：子游、子夏。"二为研究文学的人的名称。如《韩非子》："此世之所以多文学也。"三为官吏的名称。如蒙恬做典狱官，史称典狱文学注一。

那么文究竟是什么呢？也就是文学究竟是什么呢？

这个问题的答案，人各不同，实难确定。但比较最得当的说法，要推今人胡适在他的《什么是文学》一文里所说："文学是达意表情的工具，达意达得好，表情表得妙，便是文学。"

## 【文学的起源】

文学的起源为诗歌，而诗歌实产生于文字之先。诗歌是怎样发生的呢？

人类是最富于想象和情感的高等动物，当在太古时代，他们刚从原人进化而为纯粹的人类，应付环境，渐由用手而趋于用脑，于是渐渐有了灵敏的感觉。他们受到大自然的种种赐予，

注一 《史记·蒙恬列传》："恬尝书狱典文学。"司马贞《索隐》曰："谓恬尝学狱法，遂作狱官，典文学。"此文学应指文书而言。至于文学之官，汉置州郡及王国文学，曹魏有太子文学，晋唐设诸王文学，唐德宗时改经学博士为文学，诸如此类。另，著者所言并未尽赅文与文学之义。

不免欢喜而感激，便不期然而然地发出一种赞叹歌慕的声音，自然而和谐，流利而清亮，不但倾泻自己的快感，还可以感动他人，促成同样的快乐。这样，诗歌便发生了。

文学在起源的时候，内容是十分简单的。后来又利用他们的想象力，创造了种种美妙的意境。他们感到大自然种种作用的神秘而不可测，遂凭他们的想象力，创造了许多事物起源说，以满足他们求知的欲望。好像盘古氏开天辟地，共工氏头触不周山，以致天倾西北，地陷东南……都是为了要解答他们对于天地怎样起源，西北何以有高原，东南何以有海的怀疑，而用想象力创造出来的答案。自是以后，文学的内容，就逐渐丰富了。

## 【文学的分类】

要明白文学的分类，先要知道四部中集部的源流，以及文选家所称为文的究竟有哪几种体裁。

集字有会聚或杂合的意思。所以称为别集，大抵因为某一家著作中所辑的文章，是杂集各种学术或各种文体而成。所以经、子、史都专守一家学说，集部则反是。

属于集部的书籍，《汉书·艺文志》列入《诗赋略》，荀勖《中经簿》列入丁部，王俭《七志》列入《文翰志》，阮孝绪《七录》即称为《文集录》。自《隋书·经籍志》正式以经、史、子、集分部，又把集部分为楚辞、别集及总集三类；《四库全书》更增诗文评及词曲两类，至今相沿不废。

《汉志》的《诗赋略》，分为屈原赋、陆贾赋、荀卿赋、杂赋、歌诗五类。在《后汉书》、《三国志》、《晋书》诸史文士诸传中，称他的著作，往往说他著有诗、赋、论、议、书、记、碑、箴、颂、铭、诔等若干篇。至《文心雕龙》则分文为二十类，为论、说、辞、序、诏、策、章、奏、赋、颂、歌、赞、铭、诔、箴、祝、记、传、铭及檄。[注一]萧统《文选》分诗文为三十七类；明吴讷《文章辨体》分为五十类[注二]。清姚鼐辑《古文辞类纂》，分文章为十三类，为论辨、序跋、奏议、诏令、书说、赠序、传状、碑志、杂记、箴铭、颂赞、哀祭及辞赋。曾国藩《经史百家杂钞》则分为三门十一类：一为著述门，分为论著、词赋、序跋三类。一为告语门，分为诏令、奏议、书牍、哀祭四类。一为记载

注一　铭类两出，当系手民误植。案，《文心雕龙》前五篇为“文之枢纽”，系全书总论；第五篇《辨骚》以下二十篇则“论文叙笔”，属文体论：《明诗》、《乐府》、《诠赋》、《颂赞》、《祝盟》、《铭箴》、《诔碑》、《哀吊》、《杂文》、《谐隐》、《史传》、《诸子》、《论说》、《诏策》、《檄移》、《封禅》、《章表》、《奏启》、《议对》、《书记》。然《辨骚》实质上论楚辞，因此有学者认为它是文体论的首篇。舍此分歧不谈。若以二十篇每篇一论，则文体为数确为二十，但观著者胪列者，彼见显然非是；若以《明诗》、《乐府》、《诠赋》、《杂文》、《史传》、《诸子》、《封禅》外诸篇皆分论二体，则其数三十有三（计骚则三十四），但著者所列不及三之二，彼见显然亦非是。

注二　《文章辨体》五十卷，外集五卷，辨文类五十一；若析出部分相近文类，则五十九类。

门，分为传志、叙记、典志、杂记四类。吴曾祺编《涵芬楼今古文钞》，依姚鼐所分十三类，每类复分细目，共有二百十三目。张相辑《古今文综》，分为十二类，三十六纲，四百五十五目；十二类为论著、序录、书牍、赠序、碑文、墓铭、传状、志记、诏令、表奏、辞赋及杂史。

照上面所举的种种看来，他们都仅以诗、文、词、赋为文学。在现在文学家所视为站在文学正宗地位的小说与戏曲，从未被列为文学的一目。小说自《汉志》起，向列入诸子中；且所谓小说，亦仅限于琐语、杂记一类，宋人的平话及明清的通俗演义，却并不列入。至戏曲一目，为后来所产生，仅有不满千年的历史，当然尤不为人所重视了。

## 第二节　诗歌

### 【诗歌是什么】

诗歌为最初的文学，原以诵与咏为主，所以班固说："诵其言，谓之诗；咏其声，谓之歌。"但最初的诗歌仅为谣谚，《击壤歌》——这是一首现存的最古的诗——和《南风歌》、《卿云歌》一类的古歌，和后代所称诗歌，全然异致。《诗经》中的《国风》，为集古歌谣的大成，所以它的作风，亦与后代诗歌不尽相同。总之，诗歌的起源为谣谚；诗歌的正式成立，却自所谓古体诗始。

凡称诗歌，必须备具四个重要条件：一为句数有定限；二为一句的字数整齐；三为句中各字平仄调和；四为句尾押韵。具有这四个条件的，始于古体诗，而完成于近体诗。古体诗又有古诗、乐府之分；近体诗亦有律诗、绝句之别。汉魏六朝的诗歌均为古体诗。自唐代近体诗兴，自后作者，往往各体都能写作。

## 【五言古诗与乐府诗】

汉魏六朝时，盛行五言古诗与乐府诗。古诗与乐府的分别仅在前者不曾入乐，作于文人；后者尝付之弦管，多来自民间。乐府始于汉初唐山夫人作《房中乐》；追武帝立乐府，广收各地民歌，命李延年谱为新声，于是乐府大兴。《古诗十九首》为最佳最早的五古诗，但作者姓名都佚亡。汉末的著名诗人，当推曹氏父子及建安七子。曹氏父子为操与丕、植；操诗以慷慨胜，为三人之最。建安七子为孔融、陈琳、王粲、徐幹、阮瑀、应场及刘桢，都是为曹氏吸引于邺下的名士。

西晋诗人，有竹林七贤，为阮籍、嵇康、向秀、刘伶、阮咸、王戎、山涛，以阮籍、嵇康为中心[注一]。又有所谓二陆、三张、二潘、一左。二陆为陆机与陆云；三张为张华、张载与张协[注二]；二潘为潘岳与潘尼；一左为左思。东晋著名诗人，有刘琨与郭

注一　七贤俱为魏晋之交的诗人。
注二　三张是张载、张协和张亢兄弟。

璞[注一]；琨作忼慷悲壮，璞作自然超逸。王羲之、献之父子的诗，以风流蕴藉见重。到了陶渊明出来，东晋诗坛，顿时为之光芒万丈。他不但做了许多思想高超、感情丰富的古诗，而且也有飘逸高超的赋辞与散文。他的《桃花源记》与《五柳先生传》，被推为后代短篇小说之祖。

南北朝诗，日趋于雕琢形式，逐渐格律化。自沈约创四声、八病之说以后，诗体尤其加速地由古诗转变为近体诗了[注二]。宋诗人有谢灵运、颜延年[注三]及鲍照，人称为谢颜鲍[注四]，所作都是山水的清音。齐诗人除沈约外，有谢朓，好作古诗，李白曾为之倾倒。梁代萧衍父子，都爱作乐府，臣下有江淹、何逊。陈时大诗人，首推徐陵、庾信与王褒；后主好作艳曲，尤以乐府为多。

## 【诗歌的黄金时代】

唐代为诗歌的黄金时代，空前绝后的大诗人杜甫、李白都生在这个时代。据《全唐诗》所录，作者共有二千二百余人，数量近五万首[注五]。律诗和绝句，均定体于此时。而唐诗的佳者，各

注一　刘、郭皆是跨两朝的诗人，刘琨创作的年代主要在西晋。
注二　永明体是向唐代格律谨严的近体诗的过渡，但仍属古体诗的范畴。
注三　颜延之的字。
注四　又称元嘉三大家。
注五　这是《御制全唐诗序》的说法，并不精确。

体皆备，但总以近体诗为最。

唐诗可分为初唐、盛唐、中唐、晚唐四时期：自高祖武德初，至玄宗开元初一百年间为初唐。王勃、杨炯、卢照邻、骆宾王，号称四杰。沈佺期、宋之问号称沈宋，律诗到他们始全告成功。盛唐为由开元初至代宗大历初，凡五十余年。杜甫与李白均在此时驰骋一时，各展所长，时称李杜。甫诗沉郁顿挫，政治及社会的描写都极悲壮微妙；白诗缥缈神逸，而浪漫色彩很是浓厚。王维、李颀、高适、岑参，时称四子。维、适、参又与孟浩然并称王孟高岑。又崔颢、王湾、常建、贾至、储光羲、王之涣、王昌龄，均擅名在这个时代。中唐为由大历初至文宗大和九年，凡七十余年。卢纶、吉中孚、韩翃、钱起、司空曙、苗发、崔峒、耿沣、夏侯审、李端，时称大历十才子。元稹与白居易，时称元白，号他们的诗体为元白体。他们二人诗的特点，一是文字的通俗，二是内容的充实。韦应物与刘长卿号称韦刘。柳宗元与韩愈以古文家而兼有诗名，号称韩柳。孟郊与贾岛诗，被称为郊寒岛瘦。李贺诗被称为有鬼才。晚唐为文宗开成初至昭宣帝天祐三年，凡八十余年。这时的诗已倾向于香艳绮丽。著名的作家有李商隐、杜牧、温庭筠，时称温李杜；商隐与牧，亦称李杜。皮日休与陆龟蒙并称皮陆。其他有韩渥、罗隐、许浑、司空图、韦庄等。

## 【宋及宋以后的诗】

宋诗初期多模仿唐人，后始独立成家。宋初杨亿、刘筠、钱惟演等学李商隐诗格，号为西昆体。林逋、魏野、潘阆等学杜牧诗，号为晚唐体[注一]。欧阳修、梅尧臣、苏舜钦则学韩愈诗。苏轼诗才气纵横，与陆游诗并称苏陆。又与黄庭坚并称苏黄。庭坚诗后为江西诗派所宗，他与秦观、晁补之、张耒号为苏门四杰[注二]；又与同时陈后山[注三]并称黄陈。四杰与陈后山、李廌又称苏门六君子。陆游诗悲壮沉厚，多至万余首。与杨万里、范成大并称南宋三大家，或增尤袤，称为四大家[注四]。其后有永嘉人徐灵晖、徐灵渊、翁灵舒、赵灵秀[注五]，号为四灵诗派，作风以平易胜人。

金诗人可以元遗山[注六]为代表。元诗人有虞集、杨载、范梈、揭傒斯，号为四大家，但不如杨维桢之以乐府擅名。明诗人特多，但多互相标榜。真配称为诗人的，初有高启及袁凯，中有唐寅与徐祯卿，末仅有陈子龙一人。

注一　晚唐体本指唐末诗歌的时代风格，至宋末元初又特指贾岛、姚合及永嘉四灵的诗风。晚唐体诗人师法广泛，尤重学习贾岛。

注二　一般称为苏门四学士。

注三　陈师道的号。

注四　又称中兴四大诗人。

注五　徐照、徐玑、翁卷、赵师秀的字或号。

注六　元好问的号。

清初诗人，当推吴伟业与钱谦益，他们与龚鼎孳号称江左三大家。施闰章与宋琬，号称南施北宋。其后有王士禛倡神韵之说，与兄士禄、士祜号三王。与士禛齐名的有朱彝尊。与神韵说反对的，有袁枚的性灵说，沈德潜的格律说[注一]，翁方纲的肌理说。袁枚主张诗是诗人性情的表现，与蒋士铨、赵翼，亦称江左三大家[注二]。又有舒位、王昙、孙原湘，号称三君。同治、光绪间，范当世、陈三立等竞学宋诗，号为同光派。旧体诗到这时候，已成强弩之末了。

注一　系格调说之误。
注二　又称江右三大家、乾隆三大家。

# 古诗十九首

行行重行行，与君生别离。相去万余里，各在天一涯。道路阻且长，会面安可知？胡马依北风，越鸟巢南枝。相去日已远，衣带日已缓。浮云蔽白日，游子不顾反。思君令人老，岁月忽已晚。弃捐勿复道，努力加餐饭。

青青河畔草，郁郁园中柳。盈盈楼上女，皎皎当窗牖。娥娥红粉妆，纤纤出素手。昔为倡家女，今为荡子妇。荡子行不归，空床难独守。

青青陵上柏，磊磊磵中石。人生天地间，忽如远行客。斗酒相娱乐，聊厚不为薄。驱车策驽马，游戏宛与洛。洛中何郁郁，冠带自相索。长衢罗夹巷，王侯多第宅。两宫遥相望，双阙百余尺。极宴娱心意，戚戚何所迫。

今日良宴会，欢乐难具陈。弹筝奋逸响，新声妙入神。令德唱高言，识曲听其真。齐心同所愿，含意俱未申。人生寄一世，奄忽若飙尘。何不策高足，先据要路津。无为守穷贱，轗轲长苦辛。

西北有高楼，上与浮云齐。交疏结绮窗，阿阁三重阶。上有弦歌声，音响一何悲！谁能为此曲？无乃杞梁妻。清商随风发，中曲正徘徊。一弹再三叹，慷慨有余哀。不惜歌者苦，但伤知音稀。愿为双鸣鹤，奋翅起高飞！

涉江采芙蓉，兰泽多芳草。采之欲遗谁？所思在远道。还顾望旧乡，长路漫浩浩。同心而离居，忧伤以终老。

明月皎夜光，促织鸣东壁。玉衡指孟冬，众星何历历。白露沾野草，时节忽复易。秋蝉鸣树间，玄鸟逝安适。昔我同门友，高举振六翮。不念携手好，弃我如遗迹。南箕北有斗，牵牛不负轭。良无盘石固，虚名复何益？

冉冉孤生竹，结根泰山阿。与君为新婚，兔丝附女萝。兔丝生有时，夫妇会有宜。千里远结婚，悠悠隔山陂。思君令人老，轩车来何迟？伤彼蕙兰花，含英扬光辉。过时而不采，将随秋草萎。君亮执高节，贱妾亦何为！

庭中有奇树，绿叶发华滋。攀条折其荣，将以遗所思。馨香盈怀袖，路远莫致之。此物何足贡，但感别经时。

迢迢牵牛星，皎皎河汉女。纤纤擢素手，札札弄机杼。终日不成章，泣涕零如雨。河汉清且浅，相去复几许。盈盈一水间，脉脉不得语。

回车驾言迈，悠悠涉长道。四顾何茫茫，东风摇百草。所遇无故物，焉得不速老？盛衰各有时，立身苦不早。人生非金石，岂能长寿考？奄忽随物化，荣名以为宝。

东城高且长，逶迤自相属。回风动地起，秋草萋已绿。四时更变化，岁暮一何速？《晨风》怀苦心，《蟋蟀》伤局促。荡涤放情志，何为自结束。燕赵多佳人，美者颜如玉。被服罗裳衣，当户理清曲。音响一何悲，弦急知柱促。驰情整中带，沈吟聊踯躅。思为双飞燕，衔泥巢君屋。

驱车上东门，遥望郭北墓。白杨何萧萧，松柏夹广路。下有陈死人，杳杳即长暮。潜寐黄泉下，千载永不寤。浩浩阴阳移，年命如朝露。人生忽如寄，寿无金石固。万岁更相送，圣贤莫能度。服食求神仙，多为药所误。不如饮美酒，被服纨与素。

去者日以疏，生者日以亲。出郭门直视，但见丘与坟。古墓犁为田，松柏摧为薪。白杨多悲风，萧萧愁杀人。思还故里闾，欲归道无因。

生年不满百，常怀千岁忧。昼短苦夜长，何不秉烛游？为乐当及时，何能待来兹。愚者爱惜费，但为后世嗤。仙人王子乔，难可与等期。

凛凛岁云暮，蝼蛄夕鸣悲。凉风率已厉，游子寒无衣。锦衾遗洛浦，同袍与我违。独宿累长夜，梦想见容辉。良人惟古欢，枉驾惠前绥。愿得常巧笑，携手同车归。既来不须臾，又不处重闱。亮无晨风翼，焉能凌风飞？眄睐以适意，引领遥相睎。徙倚怀感伤，垂涕沾双扉。

孟冬寒气至，北风何惨栗？愁多知夜长，仰观众星列。三五明月满，四五詹兔缺。客从远方来，遗我一书札。上言长相思，下言久离别。置书怀袖中，三岁字不灭。一心抱区区，惧君不识察。

客从远方来，遗我一端绮。相去万余里，故人心尚尔。文彩双鸳鸯，裁为合欢被。著以长相思，缘以结不解。以胶投漆中，谁能别离此？

明月何皎皎，照我罗床帏。忧愁不能寐，揽衣起徘徊。客行虽云乐，不如早旋归。出户独彷徨，愁思当告谁？引领还入房，泪下沾裳衣。

## 陌上桑

《乐府诗集》

日出东南隅，照我秦氏楼。秦氏有好女，自名为罗敷。罗敷憙蚕桑，采桑城南隅。青丝为笼系，桂枝为笼钩。头上倭堕髻，耳中明月珠。缃绮为下裙，紫绮为上襦。行者见罗敷，下担捋髭须。少年见罗敷，脱帽著帩头。耕者忘其犁，锄者忘其锄。来归相怒怨，但坐观罗敷。使君从南来，五马立踟蹰。使君遣吏往，问是谁家姝。秦氏有好女，自名为罗敷。罗敷年几何？二十尚不足，十五颇有余。使君谢罗敷：宁可共载不？罗敷前置辞：使君一何愚！使君自有妇，罗敷自有夫。东方千余骑，夫婿居上头。何用识夫婿，白马从骊驹。青丝系马尾，黄金络马头。腰中鹿卢剑，可直千万余。十五府小史，二十朝大夫。三十侍中郎，四十专城居。为人洁白皙，鬑鬑颇有须。盈盈公府步，冉冉府中趋。坐中数千人，皆言夫婿殊。

## 归园田居五首（录前三首）

陶渊明

少无适俗韵，性本爱丘山。误落尘网中，一去三十年。羁鸟恋旧林，池鱼思故渊。开荒南野际，守拙归园田。方宅十余亩，草屋八九间。榆柳荫后檐，桃李罗堂前。暧暧远人村，依依墟里烟。狗吠深巷中，鸡鸣桑树巅。户庭无尘杂，虚室有余闲。久在樊笼里，复得返自然。

野外罕人事，穷巷寡轮鞅。白日掩荆扉，虚室绝尘想。时复墟曲中，披草共来往。相见无杂言，但道桑麻长。桑麻日已长，我志日已广。常恐霜霰至，零落同草莽。

种豆南山下，草盛豆苗稀。晨兴理荒秽，带月荷锄归。道狭草木长，夕露沾我衣。衣沾不足惜，但使愿无违。

## 桃源行

王维

渔舟逐水爱山春，两岸桃花夹古津。坐看红树不知远，行尽青溪不见人。山口潜行始隈隩，山开旷望旋平陆。遥看一处攒云树，近入千家散花竹。樵客初传汉姓名，居人未改秦衣服。居人共住武陵源，还从物外起田园。月明松下房栊静，日出云中鸡犬喧。惊闻俗客争来集，竞引还家问都邑。平明闾巷扫花开，薄暮渔樵乘水入。初因避地去人间，及至成仙遂不还。峡里谁知有人事，世中遥望空云山。不疑灵境难闻见，尘心未尽思乡县。出洞无论隔山水，辞家终拟长游衍。自谓经过旧不迷，安知峰壑今来变。当时只记入山深，青溪几曲到云林。春来遍是桃花水，不辨仙源何处寻。

# | 过故人庄 |

孟浩然

故人具鸡黍，邀我至田家。绿树村边合，青山郭外斜。开筵面场圃，把酒话桑麻。待到重阳日，还来就菊花。

# |长干行|

李　白

妾发初覆额，折花门前剧。郎骑竹马来，绕床弄青梅。同居长干里，两小无嫌猜。十四为君妇，羞颜未尝开。低头向暗壁，千唤不一回。十五始展眉，愿同尘与灰。常存抱柱信，岂上望夫台。十六君远行，瞿塘滟滪堆。五月不可触，猿声天上哀。门前迟行迹，一一生绿苔。苔深不能扫，落叶秋风早。八月胡蝶黄，双飞西园草。感此伤妾心，坐愁红颜老。早晚下三巴，预将书报家。相迎不道远，直至长风沙。

## 茅屋为秋风所破歌

杜甫

八月秋高风怒号，卷我屋上三重茅。茅飞度江洒江郊，高者挂罥长林梢，下者飘转沉塘坳。南村群童欺我老无力，忍能对面为盗贼，公然抱茅入竹去。唇焦口燥呼不得，归来倚杖自叹息。俄顷风定云墨色，秋天漠漠向昏黑。布衾多年冷似铁，骄儿恶卧踏里裂。床头屋漏无干处，雨脚如麻未断绝。自经丧乱少睡眠，长夜沾湿何由彻。安得广厦千万间，大庇天下寒士俱欢颜，风雨不动安如山。呜呼！何时眼前突兀见此屋，吾庐独破受冻死亦足。

## 琵琶行并序 注一

白居易

元和十年，予左迁九江郡司马。明年秋，送客湓浦口，闻舟中夜弹琵琶者。听其音，铮铮然有京都声。问其人，本长安倡女，尝学琵琶于穆、曹二善才，年长色衰，委身为贾人妇。遂命酒，使快弹数曲。曲罢，悯默。自叙少小时欢乐事，今漂沦憔悴，转徙于江湖间。予出官二年，恬然自安，感斯人言，是夕始觉有迁谪意，因为长句，歌以赠之。凡六百一十二言，命曰《琵琶行》。

浔阳江头夜送客，枫叶荻花秋瑟瑟。主人下马客在船，举酒欲饮无管弦。醉不成欢惨将别，别时茫茫江浸月。忽闻水上琵琶声，主人忘归客不发。寻声暗问弹者谁，琵琶声停欲语迟。移船相近邀相见，添酒回灯重开宴。千呼万唤始出来，犹抱琵琶半遮面。转轴拨弦三两声，未成曲调先有情。弦弦掩抑声声思，似诉平生不得志。低眉信手续续弹，说尽心中无限事。

注一　诗题白集、《全唐诗》等皆作《琵琶引》。

轻拢慢捻抹复挑，初为霓裳后六幺。大弦嘈嘈如急雨，小弦切切如私语。嘈嘈切切错杂弹，大珠小珠落玉盘。间关莺语花底滑，幽咽泉流水下滩注一。水泉冷涩弦疑绝注二，疑绝不通声暂歇。别有幽愁暗恨生，此时无声胜有声。银瓶乍破水浆迸，铁骑突出刀枪鸣。曲终收拨当心画，四弦一声如裂帛。东舟西舫悄无言，唯见江心秋月白。沉吟放拨插弦中，整顿衣裳起敛容。自言本是京城女，家在虾蟆陵下住。十三学得琵琶成，名属教坊第一部。曲罢曾教善才伏，妆成每被秋娘妒。五陵年少争缠头，一曲红绡不知数。钿头云篦击节碎，血色罗裙翻酒污。今年欢笑复明年，秋月春风等闲度。弟走从军阿姨死，暮去朝来颜色故。门前冷落鞍马稀，老大嫁作商人妇。商人重利轻别离，前年浮梁买茶去。去来江口守空船，绕船月明江水寒。夜深忽梦少年事，梦啼妆泪红阑干。我闻琵琶已叹息，又闻此语重唧唧。同是天涯沦落人，相逢何必曾相识。我从去年辞帝京，谪居卧病浔阳城。浔阳地僻无音乐，终岁不闻丝竹声。住近湓江地低湿，黄芦苦竹绕宅生。其间旦暮闻何物，

注一 “水下滩”，著者所据本如此，当作“冰下难”。参见朱金城《白居易集校笺》、谢思炜《白居易诗集校注》。
注二 “水泉”，著者所据本如此，当作“冰泉”；“疑”，通“凝”，下同。参阅上述朱、谢二书。

杜鹃啼血猿哀鸣。春江花朝秋月夜，往往取酒还独倾。岂无山歌与村笛，呕哑嘲哳难为听。今夜闻君琵琶语，如听仙乐耳暂明。莫辞更坐弹一曲，为君翻作琵琶行。感我此言良久立，却坐促弦弦转急。凄凄不似向前声，满座重闻皆掩泣。座中泣下谁最多，江州司马青衫湿。

## 秦妇吟

韦庄

中和癸卯春三月，洛阳城外花如雪。东西南北路人绝，绿杨悄悄香尘灭。路旁忽见如花人，独向绿杨阴下歇。凤侧鸾欹鬓脚斜，红攒黛敛眉心折。借问女郎何处来，含嚬欲语声先咽。回头敛袂谢行人："丧乱漂沦何堪说。三年陷贼留秦地，依稀记得秦中事。君能为妾解金鞍，妾亦与君停玉趾。前年庚子腊月五，正闭金笼教鹦鹉。斜开鸾镜懒梳头，闲凭雕栏慵不语。忽看门外起红尘，已见街中擂金鼓。居人走出半仓惶，朝士归来尚疑误。是时西面官军入，拟向潼关为警急。皆言博野自相持，尽道贼军来未及。须臾主父乘奔至，下马入门痴似醉。适逢紫盖去蒙尘，已见白旗来匝地。扶羸携幼竞相呼，上屋缘墙不知次。南邻走入北邻藏，东邻走向西邻避。北邻诸妇咸相凑，户外崩腾如走兽。轰轰昆昆乾坤动，万马雷声从地涌。火迸金星上九天，十二官街烟烘焖。日轮西下寒光白，上帝无言空脉脉。阴云晕气若重围，宦者流星如血色。紫气潜随帝座移，妖光暗射台星拆。家家流血如泉沸，处处冤声声动地。

舞伎歌姬尽暗捐，婴儿稚女皆生弃。东邻有女眉新画，倾国倾城不知价。长戈拥得上戎车，回首香闺泪盈把。旋抽金线学缝旗，才上雕鞍教走马。有时马上见良人，不敢回眸空泪下。西邻有女真仙子，一寸横波剪秋水。妆成只对镜中春，年幼不知门外事。一夫跳跃上金阶，斜袒半肩欲相耻。牵衣不肯出朱门，红粉香脂刀下死。南邻有女不记姓，昨日良媒新纳聘。琉璃阶上不闻行，翡翠帘间空见影。忽看庭际刀刃鸣，身首支离在俄顷。仰天掩面哭一声，女弟女兄同入井。北邻少妇行相促，旋拆云鬟拭眉绿。已闻击托坏高门，不觉攀缘上重屋。须臾四面火光来，欲下回梯梯又摧。烟中大叫犹求救，梁上悬尸已作灰。妾身幸得全刀锯，不敢踟蹰久回顾。旋梳蝉鬓逐军行，强展蛾眉出门去。旧里从兹不得归，六亲自此无寻处。一从陷贼经三载，终日惊忧心胆碎。夜卧千重剑戟围，朝餐一味人肝脍。鸳帏纵入岂成欢，宝货虽多非所爱。蓬头面垢犹眉猳，几转横波看不得。衣裳颠倒言语异，面上夸功雕作字。柏台多士尽狐精，兰省诸郎皆鼠魅。还将短发戴华簪，不脱朝衣缠绣被。翻持象笏作三公，倒佩金鱼为两史。朝闻奏对入朝堂，暮见喧呼来酒市。一朝五鼓人惊起，叫啸喧争如窃语。夜来探马入皇城，昨日官军收赤水。赤水去城一百里，朝若来兮暮应至。凶徒马上暗吞声，女伴闺中潜生喜。

皆言冤愤此时销，必谓妖徒今日死。逡巡走马传声急，又道全军全阵入。大彭小彭相顾忧，二郎四郎抱鞍泣。沉沉数日无消息，必谓官军已衔璧。簸旗掉剑却来归，又道官军悉败绩。四面从兹多厄束，一斗黄金一升粟。尚让厨中食木皮，黄巢机上刲人肉。东南断绝无粮道，沟壑渐平人渐少。六军门外倚僵尸，七架营中填饿殍。长安寂寂今何有，废市荒街麦苗秀。采樵斫尽杏园花，修寨诛残御沟柳。华轩绣毂皆销散，甲第朱门无一半。含元殿上狐兔行，花萼楼前荆棘满。昔时繁盛皆埋没，举目凄凉无故物。内库烧为锦绣灰，天街踏尽公卿骨。来时晓出城东陌，城外风烟如塞色。路旁时见游奕军，坡下寂无迎送客。霸陵东望人烟绝，树锁骊山金翠灭。大道俱成棘子林，行人夜宿墙匡月。明朝晓至三峰路，百万人家无一户。破落田园但有蒿，摧残竹树皆无主。路旁试问金天神，金天无语愁于人：‘庙前古柏有残枿，殿上金炉生暗尘。一从狂寇陷中国，天地晦冥风雨黑。案前神水咒不成，壁上阴兵驱不得。闲日徒歆奠飨恩，危时不助神通力。我今愧恧拙为神，且向山中深避匿。寰中箫管不曾闻，筵上牺牲无处觅，旋教魇鬼傍乡村，诛剥生灵过朝夕。’妾闻此语愁更愁，天遣时灾非自由。神在山中犹避难，何须责望东诸侯。前年又出杨震关，举头云际见荆山。如从地府到人间，顿觉时清天地闲。陕州主帅忠且贞，不动干戈惟守城。蒲津主帅能戢兵，千里晏然无戈声。朝携宝货无人问，夜插金钗惟独行。明朝又过新安东，路上乞浆逢一翁。苍苍面带苔藓色，隐隐身藏蓬荻中。问翁本是何乡曲，底事寒天霜露宿。老翁暂起欲陈词，却坐支颐仰天哭：'乡园本贯东畿县，岁岁耕桑临近甸。岁种良田二百壥，年输户税三千万。小姑惯织褐絁袍，中妇能炊红黍饭。千间仓兮万丝箱，黄巢过后犹残半。自从洛下屯师旅，日夜巡兵入村坞。匣中秋水拔青蛇，旗上高风吹白虎。入门下马若旋风，罄室倾囊如卷土。家财既尽骨肉离，今日垂年一身苦。一身苦兮何足嗟，山中更有千万家。朝饥山上寻蓬子，夜宿霜中卧荻花。'妾闻此父伤心语，竟日阑干泪如雨。出门惟见乱枭鸣，更欲东奔何处所。仍闻汴路舟车绝，又道彭门自相杀。野色徒销战士魂，河津半是冤人血。适闻有客金陵至，见说江南风景异。自从大寇犯中原，戎马不曾生四鄙。诛锄窃盗若神功，惠爱生灵如赤子。城壕固护学金汤，赋税如云送军垒。奈何四海尽滔滔，湛然一境平如砥。避难徒为阙下人，怀安却羡江南鬼。愿君举棹东复东，咏此长歌献相公。"

## 第三节 ｜赋

【赋是什么】

赋本是一种诗体，《周官》太师教六诗，赋即为其一。所以班固说："赋者，古诗之流也。"至于诗、赋的分别，《汉书·艺文志》说："不歌而诵谓之赋。"由此可见诗可以歌，赋则仅可以诵。至赋字的本义，正如《释名》所云："赋，敷也；敷布其义谓之赋。"注一

注一　今本《释名》无前三字，著者或转引自《艺文类聚》、《太平御览》之类的类书。

后世称作诗为赋诗，尤可见诗、赋关系的密切。

赋来源于楚辞，盛行于两汉六朝，历隋唐而衰。以赋的演变来分，有古赋、骈赋、律赋、文赋等的分别。古赋盛于汉代，虽丽而淫，尚不失古意；骈赋盛于六朝，重辞采而失情感；律赋盛于唐，以平仄谐和，对偶巧妙为工，置辞与情于不顾；文赋盛于宋，以散文之法作赋，专尚说理，不拘字句格律。总之，赋自当以楚辞为准则，自汉以后，愈趋愈下，而走向于衰微之路。

## 【楚辞】

《楚辞》是一部赋集的名称，为刘向所定，作者有屈原、宋玉、景差等。黄伯思以为："屈、宋之骚，皆书楚语，作楚声，纪楚地，名楚物，故可谓之楚辞。"所以楚辞可以说是楚国的文学。

楚国有文学，始于战国时的屈原。原的著作，《汉志》著录二十五篇，今所传仅有《离骚》、《九歌》、《天问》、《九章》、《远游》、《卜居》、《渔父》等篇。《离骚》全篇，以十四节四十七章组成，所写都为离别之忧愁。《九歌》十一篇，以楚国固有的乐章润色而成。《天问》一篇，乃作者在楚国先王庙中题壁的文字，其中殊多今人不可解的神话。《九章》九篇，作于放逐之后，故其中《哀郢》、《怀沙》二篇，尤见沉痛。《远游》一篇，多出世思想。《招魂》题屈原作，或以为宋玉作，以招屈原之魂，

未知孰是。《卜居》、《渔父》各一篇，因文中作者自设问答的口气，故或以为后人追记之作。注一

《楚辞》中，尚有《九辩》九篇，为宋玉所作。《大招》一篇，景差作；或亦作屈原作。王逸本更附录汉人拟骚的作品，故今本《楚辞》，有贾谊的《惜誓》一篇，淮南小山《招隐士》一篇，东方朔《七谏》七篇，严忌《哀时命》一篇，王褒《九怀》九篇，刘向《九叹》九篇及王逸《九思》九篇。

## 【赋的黄金时代】

汉代为赋的黄金时代，不过是就数量而说。其实汉赋已失去自然的情致，以铺张雕饰为贵，虽有几分古赋气息，比六朝为胜，但总较楚辞为退化。因为赋在汉代，是人主万机之暇的消遣物，与俳优一样，所以多务谄媚夸张。成帝时进御之赋有千余首，量虽可惊，实质已不可知。

汉初作者，有陆贾与贾谊；较后，有枚乘。武帝爱重楚辞，尤礼待赋家。其时有司马相如作赋二十九篇，东方朔作赋若干篇，严忌作赋二十四篇，忌族子助作赋三十五篇，刘安作赋八十二篇，吾丘寿王作赋十五篇，司马迁作赋八篇，朱买臣作赋

注一　现在一般认为，《远游》、《卜居》、《渔父》、《大招》非屈原作品，而《招魂》是。

三篇，枚皋作赋百二十篇。武帝后著名的赋家，有刘向作赋三十三篇，王褒作赋十六篇，扬雄作赋十二篇，同时又有崔骃与冯衍注一，亦以能赋名。

东汉时，班固以作《两都赋》著；张衡杰作，有《西京赋》、《东京赋》注二、《南都赋》等；李尤著有《函谷关》等赋；马融以作《长笛赋》著；祢衡的杰作为《鹦鹉赋》；王粲的杰作为《登楼赋》；大诗人曹植所作，以《感甄》一赋最为动人，后来改名为《洛神赋》。此外赋家，尚有王逸、王延寿、傅毅、李尤注三、蔡邕等，一时举之不尽。

## 【六朝及六朝以后的赋】

六朝的赋，日进于骈。晋初竹林七贤中，阮籍著有《首阳山》等赋，稽康有《长笛》注四等赋，向秀有《思旧赋》。陆机有《欢逝赋》、《文赋》；潘岳有《秋兴》、《怀旧》、《寡妇》等赋；左思以《三都赋》著名，赋出时，洛阳为之纸贵；郭璞有《江赋》、《南郊》等赋；大诗人陶潜有《闲情赋》、《归去来辞》等。南北朝时，谢惠连以《雪赋》著称；谢庄著有《月赋》等；鲍照著

注一　崔、冯皆东汉人，不当言与上述三人同时。
注二　《二京赋》的上下篇。
注三　前文已述及此人，此处不当再提。
注四　传世嵇康作品并无此赋，涉乐之赋唯《琴赋》一篇。

有《芜城》等赋；江淹著有《恨赋》等；庾信的杰作为《哀江南赋》；其他如张融、徐陵、沈约、任昉、丘迟、萧衍父子，莫不以能赋擅名。

唐诗风有律体，赋亦受其影响。当时所谓骈文，实在就是律体的赋。四杰——王勃、杨炯、卢照邻、骆宾王——所作，都为律体。萧颖士、李华、陆贽亦以善骈文名。及韩、柳倡古文，骈文中衰。唐末，温庭筠、李商隐、段成式的三十六体兴，纯粹的四六文始成立，也就是有了真正的律赋。

宋人以散文法著赋，且尚说理，称为文赋。就赋的立场说，已不复有赋存在。但其中如欧阳修的《秋声赋》、苏轼的前后《赤壁赋》，尚为鸡中之鹤。此外，王安石亦擅赋名。南宋赋家，有汪藻、洪迈弟兄、孙觌等。元明人专仿古作，故一无足称。清初陈其年、毛西河[注一]，以工骈文著名。至尤侗，尤好以骈体为游戏文章。后来的大家，有胡天游、洪亮吉、汪中等。

注一　陈维崧字其年，毛奇龄号西河。

# 九　歌

屈　原

吉日兮辰良，穆将愉兮上皇。抚长剑兮玉珥，璆锵鸣兮琳琅。瑶席兮玉瑱，盍将把兮琼芳。蕙肴蒸兮兰藉，奠桂酒兮椒浆。扬枹兮拊鼓，疏缓节兮安歌，陈竽瑟兮浩倡。灵偃蹇兮姣服，芳菲菲兮满堂。五音纷兮繁会，君欣欣兮乐康。

右东皇太一

浴兰汤兮沐芳，华采衣兮若英。灵连蜷兮既留，烂昭昭兮未央。蹇将憺兮寿宫，与日月兮齐光。龙驾兮帝服，聊翱游兮周章。灵皇皇兮既降，猋远举兮云中。览冀州兮有余，横四海兮焉穷。思夫君兮太息，极劳心兮忡忡。

右云中君

君不行兮夷犹，蹇谁留兮中洲？美要眇兮宜修，沛吾乘兮桂舟。令沅湘兮无波，使江水兮安流！望夫君兮未来，吹参差兮谁思！驾飞龙兮北征，邅吾道兮洞庭。薜荔柏兮蕙绸，荪桡兮兰旌。望涔阳兮极浦，横大江兮扬灵。扬灵兮未极，女婵媛兮为余太息。横流涕兮潺湲，隐思君兮陫侧。桂棹兮兰枻，斫冰兮积雪。采薜荔兮水中，搴芙蓉兮木末。心不同兮媒劳，恩不甚兮轻绝。石濑兮浅浅，飞龙兮翩翩。交不忠兮怨长，期不信兮告余以不闲。朝骋骛兮江皋，夕弭节兮北渚。鸟次兮屋上，水周兮堂下。捐余玦兮江中，遗余佩兮醴浦。采芳洲兮杜若，将以遗兮下女。旹不可兮再得，聊逍遥兮容与。

右湘君

帝子降兮北渚，目眇眇兮愁予。袅袅兮秋风，洞庭波兮木叶下。白薠兮骋望，与佳期兮夕张。鸟萃兮薠中，罾何为兮木上。沅有芷兮醴有兰，思公子兮未敢言。荒忽兮远望，观流水兮潺湲。麋何食兮庭中？蛟何为兮水裔？朝驰余马兮江皋，夕济兮西澨。闻佳人兮召予，将腾驾兮偕逝。筑室兮水中，葺之兮荷盖。荪壁兮紫坛，播芳椒兮盈堂。桂栋兮兰橑，辛夷楣兮药房。罔薜荔兮为帷，擗蕙櫋兮既张。白玉兮为镇，疏石兰兮为芳。芷葺兮荷屋，缭之兮杜衡。合百草兮实庭，建芳馨兮庑门。九嶷缤兮并迎，灵之来兮如云。捐余袂兮江中，遗余褋兮醴浦。搴汀洲兮杜若，将以遗兮远者。时不可兮骤得，聊逍遥兮容与。

右湘夫人

广开兮天门，纷吾乘兮玄云。令飘风兮先驱，使冻雨兮洒尘。君回翱兮以下，逾空桑兮从女。纷总总兮九州，何寿夭兮在予！高飞兮安翔，乘清气兮御阴阳。吾与君兮齐速，导帝之兮九坑。灵衣兮被被，玉佩兮陆离。壹阴兮壹阳，众莫知兮余所为。折疏麻兮瑶华，将以遗兮离居。老冉冉兮既极，不浸近兮愈疏。乘龙兮辚辚，高驼兮冲天。结桂枝兮延伫，羌愈思兮愁人。愁人兮柰何，愿若今兮无亏。固人命兮有当，孰离合兮可为？

右大司命

秋兰兮麋芜，罗生兮堂下。绿叶兮素枝，芳菲菲兮袭予。夫人自有兮美子，荪何以兮愁苦！秋兰兮青青，绿叶兮紫茎。满堂兮美人，忽独与余兮目成。入不言兮出不辞，乘回风兮载云旗。悲莫悲兮生别离，乐莫乐兮新相知。荷衣兮蕙带，倏而来兮忽而逝。夕宿兮帝郊，君谁须兮云之际？与女游兮九河，冲风至兮水扬波。与女沐兮咸池，晞女发兮阳之阿。望美人兮未来，临风怳兮浩歌。孔盖兮翠旍，登九天兮抚彗星。竦长剑拥幼艾，荪独宜兮为民正。

右少司命

暾将出兮东方，照吾槛兮扶桑。抚余马兮安驱，夜皎皎兮既明。驾龙辀兮乘雷，载云旗兮委蛇。长太息兮将上，心低徊兮顾怀。羌声色兮娱人，观者憺兮忘归。縆瑟兮交鼓，箫钟兮瑶簴。鸣篪兮吹竽，思灵保兮贤姱。翾飞兮翠曾，展诗兮会舞。应律兮合节，灵之来兮蔽日。青云衣兮白霓裳，举长矢兮射天狼。操余弧兮反沦降，援北斗兮酌桂浆。撰余辔兮高驰翔，杳冥冥兮以东行。

右东君

与女游兮九河，冲风起兮横波。乘水车兮荷盖，驾两龙分骖螭。登昆仑兮四望，心飞扬兮浩荡。日将暮兮怅忘归，惟极浦兮寤怀。鱼鳞屋兮龙堂，紫贝阙兮朱宫。灵何为兮水中，乘白鼋兮逐文鱼。与女游兮河之渚，流澌纷兮将来下。子交手兮东行，送美人兮南浦。波滔滔兮来迎，鱼邻邻兮媵予。

右河伯

若有人兮山之阿，被薜荔兮带女萝。既含睇兮又宜笑，子慕予兮善窈窕。乘赤豹兮从文狸，辛夷车兮结桂旗。被石兰兮带杜衡，折芳馨兮遗所思。余处幽篁兮终不见天，路险难兮独后来。表独立兮山之上，云容容兮而在下。杳冥冥兮羌昼晦，东风飘兮神灵雨。留灵脩兮憺忘归，岁既晏兮孰华予。采三秀兮于山间，石磊磊兮葛蔓蔓。怨公子兮怅忘归，君思我兮不得闲。山中人兮芳杜若，饮石泉兮荫松柏。君思我兮然疑作。雷填填兮雨冥冥，猨啾啾兮又夜鸣。风飒飒兮木萧萧，思公子兮徒离忧。

右山鬼

操吴戈兮被犀甲，车错毂兮短兵接。旌蔽日兮敌若云，矢交坠兮士争先。凌余阵兮躐余行，左骖殪兮右刃伤。霾两轮兮絷四马，援玉枹兮击鸣鼓。天时坠兮威灵怒，严杀尽兮弃原野。出不入兮往不反，平原忽兮路超远。带长剑兮挟秦弓，首身离兮心不惩。诚既勇兮又以武，终刚强兮不可凌。身既死兮神以灵，子魂魄兮为鬼雄。

右国殇

成礼兮会鼓，传芭兮代舞，姱女倡兮容与。春兰兮秋菊，长无绝兮终古。

右礼魂

# 登楼赋

王粲

登兹楼以四望兮，聊暇日以销忧。览斯宇之所处兮，实显敞而寡仇。挟清漳之通浦兮，倚曲沮之长洲。背坟衍之广陆兮，临皋隰之沃流。北弥陶牧，西接昭丘。华实蔽野，黍稷盈畴。虽信美而非吾土兮，曾何足以少留！遭纷浊而迁逝兮，漫逾纪以迄今。情眷眷而怀归兮，孰忧思之可任？凭轩槛以遥望兮，向北风而开襟。平原远而极目兮，蔽荆山之高岑。路逶迤而修迥兮，川既漾而济深。悲旧乡之壅隔兮，涕横坠而弗禁。昔尼父之在陈兮，有归与之叹音。钟仪幽而楚奏兮，庄舄显而越吟。人情同于怀土兮，岂穷达而异心！唯日月之逾迈兮，俟河清其未极。冀王道之一平兮，假高衢而骋力。惧匏瓜之徒悬兮，畏井渫之莫食。步栖迟以徙倚兮，白日忽其将匿。风萧瑟而并兴兮，天惨惨而无色。兽狂顾以求群兮，鸟相鸣而举翼。原野阒其无人兮，征夫行而未息。心凄怆以感发兮，意忉怛而憯恻。循阶除而下降兮，气交愤于胸臆。夜参半而不寐兮，怅盘桓以反侧。

# 吊古战场文

李 华

浩浩乎平沙无垠，夐不见人，河水萦带，群山纠纷，黯兮惨悴，风悲日曛，蓬断草枯，凛若霜晨，鸟飞不下，兽挺亡群。亭长告予曰："此古战场也，尝覆三军。往往鬼哭，天阴则闻。"伤心哉，秦欤汉欤，将近代欤？吾闻夫齐魏徭戍，荆韩召募，万里奔走，连年暴露，沙草晨牧，河冰夜渡，地阔天长，不知归路，寄身锋刃，腷臆谁愬？秦汉而还，多事四夷，中州耗斁，无世无之。古称戎夏，不抗王师，文教失宣，武臣用奇，奇兵有异于仁义，王道迂阔而莫为。呜呼噫嘻！吾想夫北风振漠，胡兵伺便，主将骄敌，期门受战，野竖旄旗，川回组练，法重心骇，威尊命贱，利镞穿骨，惊沙入面，主客相搏，山川震眩，声折江河，势崩雷电。至若穷阴凝闭，凛冽海隅，积雪没胫，坚冰在须，鸷鸟休巢，征马踟蹰，缯纩无温，堕指裂肤。当此苦寒，天假强胡，凭陵杀气，以相剪屠，径截辎重，横攻士卒，都尉新降，将军复没，尸踣巨港之岸，血满长城之窟，无贵无贱，同为枯骨。可胜言哉！鼓衰兮力竭，矢尽兮弦绝，白刃交兮宝刀折，两军蹙兮生死决。降矣哉，终身夷狄；战矣哉，暴骨沙砾。鸟无声兮山寂寂，夜正长兮风淅淅，魂魄结兮天沈沈，鬼神聚兮云幂幂，日光寒兮草短，月色苦兮霜白，伤心惨目，有如是耶！吾闻之，牧用赵卒，大破林胡，开地千里，遁逃匈奴，汉倾天下，财殚力痡，任人而已，其在多乎？周逐玁狁，北至太原，既城朔方，全师而还，饮至策勋，和乐且闲，穆穆棣棣，君臣之间。秦起长城，竟海为关，荼毒生民，万里朱殷。汉击匈奴，虽得阴山，枕骸遍野，功不补患。苍苍蒸民，谁无父母？提携捧负，畏其不寿。谁无兄弟，如足如手？谁无夫妇，如宾如友？生也何恩，杀之何咎？其存其殁，家莫闻知，人或有言，将信将疑，悁悁心目，寤寐见之。布奠倾觞，哭望天涯，天地为愁，草木凄悲。吊祭不至，精魂无依。必有凶年，人其流离。呜呼噫嘻！时耶命耶！从古如斯。为之奈何？守在四夷。

# 赤壁赋

苏轼

壬戌之秋，七月既望，苏子与客泛舟，游于赤壁之下。清风徐来，水波不兴。举酒属客，诵明月之诗，歌窈窕之章。少焉，月出于东山之上，徘徊于斗牛之间。白露横江，水光接天。纵一苇之所如，凌万顷之茫然。浩浩乎如凭虚御风，而不知其所止；飘飘乎如遗世独立，羽化而登仙。于是饮酒乐甚，扣舷而歌之。歌曰："桂棹兮兰桨，击空明兮溯流光。渺渺兮予怀，望美人兮天一方。"客有吹洞箫者，倚歌而和之，其声呜呜然，如怨如慕，如泣如诉。余音袅袅，不绝如缕。舞幽壑之潜蛟，泣孤舟之嫠妇。苏子愀然，正襟危坐，而问客曰："何为其然也？"客曰："'月明星稀，乌鹊南飞'，此非曹孟德之诗乎？西望夏口，东望武昌，山川相缪，郁乎苍苍，此非孟德之困于周郎者乎？方其破荆州，下江陵，顺流而东也，舳舻千里，旌旗蔽空，酾酒临江，横槊赋诗，固一世之雄也，而今安在哉？况吾与子渔樵于江渚之上，侣鱼虾而友麋鹿。驾一叶之扁舟，举匏尊以相属。寄蜉蝣于天地，渺沧海之一粟。

哀吾生之须臾，羡长江之无穷。挟飞仙以遨游，抱明月而长终。知不可乎骤得，托遗响于悲风。”苏子曰：“客亦知夫水与月乎？逝者如斯，而未尝往也；盈虚者如彼，而卒莫消长也。盖将自其变者而观之，则天地曾不能以一瞬；自其不变者而观之，则物与我皆无尽也，而又何羡乎？且夫天地之间，物各有主，苟非吾之所有，虽一毫而莫取。惟江上之清风，与山间之明月，耳得之而为声，目遇之而成色，取之无禁，用之不竭。是造物者之无尽藏也，而吾与子之所共食。”客喜而笑，洗盏更酌。肴核既尽，杯盘狼籍。相与枕藉乎舟中，不知东方之既白。

# 第四节 | 词

## 【词是什么】

词一名诗余，又名长短句，本是乐府的变体。词字的本义，为意内言外。后人以调有定格，句有定言，韵有定声的诗歌叫做词，乃由引申的意义借用，以示和古今体诗的不同。它本为诗歌的一体，由诗歌进化而成，所以有的书上把它并在诗歌一起，而系之于近体诗之后。

词，先有小令，后有中调，最后有长调。《填词名解》以为："五十八字以内为小令；自五十九字始，至九十字止为中调；九十一字以外者俱为长调。”或以为词初有小令；其后引长小令，叫做引词，又叫近词；更引而愈长，乃为慢词。所谓慢，乃曼声而歌的意思。注一 照此说法，那么小令、中调、长调的划分，已是多事，如更限以字数，那更是没有意思了。

## 【最早的词】

词的创作，远在南北朝时代，传下的作品，有萧衍的《江南弄》，沈约的《六忆》，杨广的《望江南》等注二，不过那时还没有引起他人的注意。中唐以后，因诗体日敝，所以试作词的日多。前此被称为李白作的《忆秦娥》与《菩萨蛮》，那是赝品。专作词的词家，可说始于温庭筠，但他所作的词，没有编入他的别集，却赖《花间集》以传。到五代时，韦庄有《浣花词》，冯延巳有《阳春词》，词的专集始有行世。同时著名词家，有牛峤、毛文锡、欧阳炯等，作品均见《花间集》。南唐主李璟与李煜的词，尤享盛名；煜词以哀感顽艳，更为人所称道。

注一　此说机械，慢词并不晚于小令。

注二　《江南弄》郭茂倩《乐府诗集》列在清商曲辞；《六忆》乃诗，《望江南》则伪作，明梅鼎祚视其为乐府，以入《古乐苑》。著者溯词源至南北朝，祖述的是某些明清旧说。今一般认为词起于隋，《乐府诗集·近代曲辞》首列炀帝《纪辽东》，较之后世词已无大不同。

## 【词的极盛时代】

宋代的词，和唐代的诗一样，不愧称为极盛时代。北宋名作家，有作《珠玉词》的晏殊，作《小山词》的晏幾道，他们本是父子，所作词均以情致缠绵胜。政治家兼古文家的欧阳修，也著有《六一居士词》，词多艳荡，几令人不信出于他的笔下。柳永著有《乐章集》，在西夏，“凡有井水饮处，即能歌柳词”[注一]。昔人谓柳词“只好十七八女郎，按执红牙板，歌‘杨柳岸晓风残月’”，他的香艳可以想见。苏轼的《东坡乐府》以豪放称雄，较之柳永，所谓“须关西大汉，执铁绰板，唱‘大江东去’”，恰成相对。但他也会作香艳词，不过偶一为之罢了。秦观的《淮海词》，以婉约娟秀胜，被称为南派之宗。苏轼说：“山抹微云秦学士，露华倒影柳屯田”，可见观词与永词的不同。周邦彦以音乐家而作词，艳丽细密，为婉约派大宗，著有《清真词》。李清照的《漱玉词》也以婉约胜，青春的恋火，中年后乱离孤独的悲哀，都在她词中尽量地倾泻。

南宋时，陆游、范成大词颇有名，然不如辛弃疾的伟大。辛弃疾以军人而兼词家，故英爽磊落，不作妮子态，多伤时感事之调，有《稼轩长短句》。他与苏轼并称苏辛。学他的人，有刘过、刘克庄等。及姜夔出，因为他是个深通音律的人，所以专务

注一　此语出自《避暑录话》，叶梦得转述“一西夏归朝官”之言。

炼字琢句，而语多生硬，著有《白石道人歌曲》。吴文英的《梦窗甲乙丙丁稿》，也专究字面，语多生涩。周密的《草窗词》，亦称《蘋洲渔笛谱》，以精妙胜。他与吴文英并称二窗。张炎的《山中白云词》，多黯淡苍凉之作。王沂孙的《碧山乐府》，因身经亡国，语气哀痛。但他们都是古典派的词人。此外，两宋较著名的词人，有张先、朱希真注一、贺铸、张孝祥、向子諲、史达祖、高观国、朱淑真等，不下五六十人。

## 【金及金以后的词】

金国作家也很多，最著名的有元好问。他以诗人而兼词家，作有《遗山乐府》。元代词家亦多，可以代表者有张翥、仇远、赵孟頫等。明初词人有高启、杨基、张綖等。至陈卧子注二，始以清丽婉转，成为一代大宗。

清代有词学复兴之称，词家辈出。清初吴伟业以诗人曲家而善词，温柔宛转，一如其诗。他如作《饮水词》及《侧帽词》的纳兰容若，作《花帘词》及《香南雪北词》的吴藻，被称为清代二大词人，一凄婉而一悲壮。朱彝尊著《曝书亭词》，陈其年著《乌丝词》，二人素友好，合刻为《朱陈村词》，尤为词坛佳话。朱、陈

注一　朱敦儒的字。
注二　陈子龙的字。

词工于纤巧，张皋文、宛邻兄弟[注一]出而反对，所作大都沉郁疏快。其他词人，真可车载斗量，写之不尽。

注一　张惠言字皋文，张琦号宛邻。

# 秦楼月

李 白

箫声咽，秦娥梦断秦楼月。秦楼月。年年柳色，灞陵伤别。 乐游原上清秋节，咸阳古道音尘绝。音尘绝。西风残照，汉家陵阙。

## 忆江南

温庭筠

梳洗罢，独倚望江楼。过尽千帆皆不是，斜辉脉脉水悠悠。肠断白蘋洲。

## 菩萨蛮

韦庄

人人尽说江南好，游人只合江南老。春水碧于天，画船听雨眠。　垆边人似月，皓腕凝双雪注一。未老莫还乡，还乡须断肠。

注一　“双雪”，一本作“霜雪”。

## 浪淘沙

李煜

帘外雨潺潺，春意阑珊。罗衾不耐五更寒。梦里不知身是客，一晌贪欢。　独自莫凭栏，无限江山。别时容易见时难。流水落花春去也，天上人间。

## 鹧鸪天·佳会

晏幾道

彩袖殷勤捧玉钟，当年拚却醉颜红。舞低杨柳楼心月，歌尽桃花扇影风。　从别后，忆相逢。几回魂梦与君同。今宵剩把银釭照，犹恐相逢是梦中。

## 水调歌头

苏轼

明月几时有，把酒问青天。不知天上宫阙，今夕是何年。我欲乘风归去，又恐琼楼玉宇，高处不胜寒。起舞弄清影，何似在人间。　转朱阁，低绮户，照无眠。不应有恨，何事长向别时圆。人有悲欢离合，月有阴晴圆缺，此事古难全。但愿人长久，千里共婵娟。

## | 雨霖铃·秋别 |

柳　永

寒蝉凄切。对长亭晚，骤雨初歇。都门帐饮无绪，留恋处兰舟催发。执手相看泪眼，竟无语凝噎。念去去千里烟波，暮霭沈沈楚天阔。　多情自古伤离别，更那堪冷落清秋节。今宵酒醒何处，杨柳岸晓风残月。此去经年，应是良辰好景虚设。便纵有千种风情，更与何人说。

## 声声慢

李清照

寻寻觅觅，冷冷清清，凄凄惨惨戚戚。乍暖还寒时候，最难将息。三杯两盏淡酒，怎敌他晚来风急。雁过也，正伤心，却是旧时相识。　满地黄花堆积。憔悴损，如今有谁堪摘。守着窗儿，独自怎生得黑。梧桐更兼细雨，到黄昏点点滴滴。这次第，怎一个愁字了得。

# 摸鱼儿

辛弃疾

更能消几番风雨。匆匆春又归去。惜春长恨花开早，何况落红无数。春且住。见说道天涯芳草迷归路。怨春不语。算只有殷勤，画檐蛛网，尽日惹飞絮。　长门事，准拟佳期又误。蛾眉曾有人妒。千金纵买相如赋，脉脉此情谁诉。君莫舞。君不见玉环飞燕皆尘土。闲愁最苦。休去倚危楼，斜阳正在，烟柳断肠处。

# 第五节 | 小说

## 【小说是什么】

小说在中国，来源甚古。《汉书·艺文志》以为："出于稗官。街谈巷语，道听涂说者之所造也。"如淳注："细米为稗。街谈巷说，其细碎之言也。王者欲知闾巷风俗，故立稗官使称说之。"可见古人对于小说的重视。注一

小说之先，必为神话与传说，中外皆然。神话多记神人的

注一　古人虽认为小说尚有可观，但终视之为小道。

行事，传说则以古英雄为主。最古的小说如《山海经》与《穆天子传》，都属神话，西王母故事即从此二书衍出。古史中则颇多传说，如夏禹治水等类。《汉志》载小说十五家，一千三百八十篇，内有《虞初周说》九百四十三篇。“小说九百，本自虞初”，可见他在汉时声名之大，而且是最早的小说专家了。汉魏六朝的小说，内容或在更改，而其体裁则大致相同，都是琐碎的片段的记录。唐时传奇体成功，中国始有真正的短篇小说；宋代平话体兴起，小说的内容由写特殊阶级而深入一般社会，更见进步。历元明清三代，通俗长篇小说大盛，小说的体制遂告全备。

## 【汉魏六朝的琐话集】

汉人小说传到现代的，有东方朔的《神异经》与《海内十洲记》，班固的《汉武故事》，刘歆的《西京杂记》，伶玄的《飞燕外传》，郭宪的《洞冥记》注一，赵晔的《吴越春秋》注二，不知作者的《汉

注一　东方朔和班固三书皆嫁名之作（《汉武故事》或属之晋葛洪、南朝王俭，亦非），但当系汉人所撰。《西京杂记》作者争议颇大，或谓刘歆撰、葛洪整理，或谓葛自撰，或谓葛假托刘而伪造。李剑国等学者认可第一说。学者多以为《飞燕外传》系后人伪托。李剑国认为大约是东汉至晋宋间的作品，出于东汉的可能性大些。《洞冥记》，或以为嫁名郭宪，或以为梁元帝萧绎撰，皆证据不足。参阅李剑国《唐前志怪小说史》，李剑国、孟昭连《中国小说通史》先唐卷。

注二　此书因杂有神异传说，或被视为小说，但一般仍归为史部书。著者在本书《史学》一章曾予提及。

武内传》与《杂事秘辛》[注一]等，内容尽为神仙之谈与宫闱情话。

六朝作者颇多，著名的有张华的《博物志》，干宝的《搜神记》，王嘉的《拾遗记》，任昉的《述异记》，刘敬叔的《异苑》，刘义庆的《幽明录》及《宣验记》，吴均的《续齐谐记》，颜之推的《还冤志》[注二]，王琰的《冥祥记》等，所记不外神怪荒诞及轮回因果之说，与汉人小说稍异其趣。晋人裴启作《语林》，其后有刘义庆作《世说》，殷芸作《小说》，沈约作《俗说》[注三]，都记闻人的名言隽行和一切杂事，以趣味为主，故有异于前面所举许多志怪小说。

## 【传奇小说】

唐代小说，组织既完备，内容也扩大，凡神仙、鬼怪、艳史、轶闻，莫不包罗尽有。后人称唐代小说为传奇，原因不详，但唐人裴铏曾作小说集名《传奇》，组织与内容均与同时其他小说同，或即为后人移用之以为通名。[注四]唐人传奇可分四类：一为艳情，

注一 《汉武内传》撰人或谓东方朔、班固、葛洪，皆伪托；学者或定为魏晋或六朝作品，或定为汉末魏初作品。参阅《唐前志怪小说史》。《杂事秘辛》则系明人杨慎伪造。
注二 书名多作《冤魂志》。
注三 同时另有一部《俗说》，梁刘峻（即《世说新语》注者刘孝标）撰。
注四 文学意义上的唐人小说，并非只有“记叙委曲”的传奇一体，还有承自六朝的“丛残小语”式的志怪。关于传奇之定名，以及唐人小说的基本情况，可参阅李剑国《唐五代志怪传奇叙录》前言《唐稗思考录》。

一为豪侠，一为神怪，一为别传[注一]。艳情一类的杰作，有蒋防的《霍小玉传》，元稹的《会真记》，白行简的《李娃传》，许尧佐的《章台柳传》，陈元祐[注二]的《离魂记》，于邺的《扬州梦》[注三]，房千里的《杨倡传》等。豪侠一类，有段成式的《剑侠传》[注四]，杨巨源的《红线传》[注五]，薛调的《无双传》，杜光庭的《虬髯客传》[注六]，裴铏《传奇》中的《昆仑奴》与《聂隐娘》[注七]，柳珵的《上清传》等。神怪的故事，有张鷟的《游仙窟》，沈既济的《枕中记》与《任氏传》，李公佐的《南柯太守传》、《谢小娥传》[注八]、

注一　以今观之，著者的分类和举例已不甚周洽。

注二　即陈玄祐。

注三　明清小说丛书所收题《扬州梦记》，实取《太平广记》卷二七三《杜牧》，本出高彦休《唐阙史》，原题《杜舍人牧湖州》。参阅《唐五代志怪传奇叙录》。

注四　此书明刻或称唐人作，至清刊《唐人说荟》乃直书段成式，实系明世伪作，盖取唐宋书籍中剑侠故事杂凑而成，抄自《太平广记》者尤多，本段提及之《虬髯客传》、《昆仑奴》、《聂隐娘》等均在内。或以为王世贞所撰，亦不可信。参阅《唐五代志怪传奇叙录》。

注五　此传见诸明清小说丛书，一题段成式撰，一不著撰人，余皆署杨巨源，实取《太平广记》卷一九五《红线》，本出袁郊《甘泽谣》。参阅《唐五代志怪传奇叙录》。

注六　此传又题《虬须客传》、《扶余国王》等，全文初载《太平广记》卷一九三。诸家著录或云撰人不详，或谓杜光庭、张说，李剑国以为作者当是裴铏。参阅《唐五代志怪传奇叙录》。

注七　今本《甘泽谣》亦有本篇，或以为袁郊所撰，非出《传奇》，实误。参阅《唐五代志怪传奇叙录》。

注八　李绅有同题传奇（已佚），李复言《续玄怪录》有《尼妙寂》，同叙一事而细节有异。参阅《唐五代志怪传奇叙录》。

《庐江冯媪》及《古岳渎经》，王度的《古镜记》，无名氏的《江总白猿传》[注一]，李景亮的《李章武传》等。至如李朝威的《柳毅传》，沈下贤的《湘中怨》、《异梦录》及《秦梦记》[注二]，裴铏《传奇》中的《裴航》与《崔炜传》等，则都是艳情兼神怪的著作。别传则有韩偓的《海山记》与《迷楼记》[注三]，郭湜的《高力士传》[注四]，曹邺的《梅妃传》[注五]，陈鸿的《长恨歌传》，无名氏的《李卫公别传》[注六]等。以上诸传奇，大多为元曲取作题材，故影响于后代戏剧者甚大。

明清传奇小说的作者亦多[注七]。明代名著，有瞿佑的《剪灯新话》。清代，有蒲松龄的《聊斋志异》，袁枚的《子不语》，纪

注一　应作《补江总白猿传》，传叙梁大同末欧阳纥妻为白猿窃取而生子事，盖无名氏借纥友江总之名，编造以诬谤唐初重臣欧阳询者。参阅《唐五代志怪传奇叙录》。

注二　沈亚之字下贤。其《沈下贤文集》收录四篇传奇文：《异梦录》、《秦梦记》、《湘中怨解》和《冯燕传》。

注三　唐人隋炀三记，《海山记》首见《青琐高议》，《迷楼记》和《开河记》首见《说郛》，皆不著撰人，至清刊《唐人说荟》、《唐代丛书》等，始署名韩偓。参阅《唐五代志怪传奇叙录》。

注四　应作《高力士外传》。

注五　此传鲁迅以为宋人伪作，不可信。参阅《唐五代志怪传奇叙录》。

注六　此传见诸明刊《古今说海》、民国《旧小说》，实取《太平广记》卷四一八《李靖》，本出《续玄怪录》，原题《李卫公靖》。参阅《唐五代志怪传奇叙录》。

注七　下列清代文言小说，多是志怪传奇混杂的集子，虽以志怪自居，部分篇章却用了传奇的形式。

昀的《阅微草堂笔记》，三家鼎峙，一以文辞胜，一以写实胜，一以说理胜。此外尚有钮琇《觚剩》，沈起凤《谐铎》等，不下数十百种，不胜细述。

## 【话本的起来】

至宋代乃有白话小说，亦称诨词小说，又名平话，又名话本，为当时说话人所用的底本。注一说话即现代所谓说书。在宋以前，唐人的《唐太宗入冥记》、《秋胡小说》等注二，已为白话小说。至宋代而稍进步。宋人所作，今仅存四种，为《大宋宣和遗事》、《大唐三藏取经诗话》、《新编五代史平话》及《京本通俗小说》残本注三。

注一　此句可注意者数事：一、白话小说不自宋始，可上溯至敦煌通俗小说，著者下文实已述及。二、诨词小说之名盖出汉译日人盐谷温《中国文学概论讲话》，以白话作小说之谓；盐谷氏引用《南村辍耕录》卷二五《院本名目》"宋有戏曲唱诨词说"，释其名曰："即是说戏曲与小说在宋代已经有了的意思，这'诨词说'即诨词小说"，因错断引文而致生造出诨词一名，此名复为民国学者所移用。三、平话（或作评话）虽可大致用为白话小说的同义词，但尚指宋元的讲史类小说。四、话本为说话人底本，自鲁迅首倡以来，几成定论，但正如后世学者指出的，释话本为故事可能更接近真相。

注二　虽然王国维早已提出敦煌通俗小说的概念，但包括《唐太宗入冥记》和《秋胡小说》（曾拟题《秋胡变文》）在内的这些小说，却长期被当做变文收录和研究，直至晚近才获得独立地位。

注三　当今认定的宋元话本不止此处和下文提及的宋四种元五种，但相当一些只能笼统地称为宋元旧篇。《京本通俗小说》系缪荃孙伪造，七篇（另有两篇未刊）俱剩取三言，稍加点窜，然其中确有一些属于学者认定的宋元旧篇。

说话本分四科，为小说、谈经、讲史、商谜注一；宋代四科皆备，宋以后则惟小说、讲史二科称盛。元人所作，今见讲史五种，为《武王伐纣书》、《乐毅图齐七国春秋后集》、《秦并六国》、《吕后斩韩信前汉书续集》、《三国志》，都称为平话注二，今都有影印流通本。考其书名，数目当不止此。且由此可见元人所作的讲史，确是不少。

## 【明清通俗小说】

明人好编拟话本注三，著名的有冯梦龙编的《喻世明言》、《警世通言》及《醒世恒言》，总名为三言，共有小说一百二十篇。凌濛初作《初刻拍案惊奇》与《续刻拍案惊奇》，总称为二拍，共载小说八十篇注四。三言、两拍完全出世后，有抱瓮老人嫌其卷帙繁重，乃选刻四十篇，名为《今古奇观》，今犹盛传。此外犹有《醉醒石》、《欢喜冤家》、《石点头》、《雨窗集》、《欹枕

注一　说话四家见于《都城纪胜》和《梦粱录》，二书记载大致相同，但皆语焉不详，叙次不清，因此导致学者聚讼纷纭，迄无定论。学者公认的三家是小说、讲史和说经，只在第四家上言人人殊。

注二　合称《全相平话五种》。

注三　拟话本之名亦系鲁迅首创，学界一般用以指模仿话本而作的小说，或明清短篇白话小说；也有人主张取消这一称谓。三言大体是旧话本的改编汇辑，而二拍基本是文人创作。

注四　今本去其重复和非小说的杂剧作品，共七十八篇。

集》[注一]等。不下数十种。清人李渔亦好作短篇，有《无声戏》(一作《连城璧》)与《十二楼》。杜纲有《娱目醒心编》。墨浪子的《西湖佳话》，艾衲居士的《豆棚闲话》，亦见盛行。

明清二代，称为通俗小说勃兴时代，作者盛极一时。施耐庵、罗贯中虽称元人，但明初尚在。他们所作的《忠义水浒传》及《三国志通俗演义》，与王世贞的《金瓶梅》，吴承恩的《西游记》，称为四大奇书[注二]。《西游记》又与罗懋登的《三宝太监西洋记通俗演义》，并称西游西洋。此外明人作品，有《好逑传》、《玉娇梨》、《平山冷燕》[注三]，今国外都有译本。又有《封神演义》、《东周列国志》、《精忠说岳传》等，均不知作者姓氏[注四]，盛传至今。

清代著名的长篇通俗小说，各体皆备。讽刺小说有吴敬梓的《儒林外史》，李伯元[注五]的《官场现形记》，吴趼人[注六]的

注一　嘉靖间刊《清平山堂话本》六集六十篇(原名《六十家小说》)，今存《雨窗》、《欹枕》二集的十二篇和未知集名的十五篇，以及两篇残页，不少是宋元旧篇。

注二　《金瓶梅》作者，学界提出的候选名单多达数十人，王世贞则是最早被圈定的。其他三书作者，此处采纳的是较流行的看法。

注三　《玉娇梨》大概创作于明末清初，另两种为清初作品。

注四　《封神演义》作者有许仲琳、陆西星、李云翔诸说。《东周列国志》是清人蔡元放对冯梦龙《新列国志》的删改润色，而《新列国志》则是对余邵鱼《列国志传》的增补扩充。《精忠说岳全传》是清人钱彩的作品。明代说岳小说则是有继承关系的《大宋中兴通俗演义》、《岳武穆王精忠传》和《岳武穆尽忠报国传》。

注五　李宝嘉的字。

注六　吴沃尧的号。

《二十年目睹之怪现状》，刘鹗的《老残游记》，曾朴的《孽海花》。言情小说有曹霑的《红楼梦》，原名《石头记》，又名《金玉缘》，一名《情僧录》，或名《风月宝鉴》，又名《金陵十二钗》。原作仅八十回，后四十回为高鹗续作。注一 续书甚多，有《后红楼梦》、《红楼后梦》、《续红楼梦》、《红楼梦补》、《红楼复梦》、《绮楼重梦》、《红楼幻梦》等，不下二十余种注二。写优伶、妓女的小说，有陈森的《品花宝鉴》，魏子安注三 的《花月痕》（亦名《花月姻缘》），俞达的《青楼梦》，韩子云注四 的《海上花列传》等。借小说来发抒学问，始于夏敬渠的《野叟曝言》，李汝珍的《镜花缘》，继作者很少。侠义与公案小说，有文康的《儿女英雄传评话》，亦名《金玉缘》，又名《日下新书》，亦名《正法眼藏五十三参》；石玉崑的《三侠五义》，原名《忠烈侠义传》，俞樾改名为《七侠五义》；又有《忠烈小五义传》及《续小五义传》，亦题石玉崑作。署名贪梦道人作的，有《彭公案》及《永庆升平》注五。其他有《施公案》、《施公洞庭传》、《乾隆巡幸江南记》、《七剑十三侠》、《七剑八侠十六义》等，名目繁多，不胜枚举。

注一 此处所叙也是为多数人所接受的主流意见。
注二 一粟《红楼梦书录》著录三十二种。
注三 魏秀仁的字。
注四 韩邦庆的字。
注五 《永庆升平》分前后传，前传郭广瑞编订，后传则署贪梦道人。

## 世说新语（八则）注一

刘义庆

荀巨伯远看友人疾，值胡贼攻郡，友人语巨伯曰："吾今死矣，子可去！"巨伯曰："远来相视，子令吾去；败义以求生，岂荀巨伯所行耶？"贼既至，谓巨伯曰："大军至，一郡尽空，汝何男子，而敢独止？"巨伯曰："友人有疾，不忍委之，宁以我身代友人命。"贼相谓曰："我辈无义之人，而入有义之国。"遂班军而还，一郡并获全。

管宁、华歆共园中锄菜，见地有片金，管挥锄与瓦石不异，华捉而掷去之。又尝同席读书，有乘轩冕过门者，宁读如故，歆废书出看。宁割席分坐曰："子非吾友也。"

谢太傅寒雪日内集，与儿女讲论文义。俄而雪骤，公欣然曰："白雪纷纷何所似？"兄子胡儿曰："撒盐空中差可拟。"兄女曰："未若柳絮因风起。"公大笑乐。

注一　选自《世说新语》之《德行》、《言语》、《文学》、《雅量》、《赏誉》诸篇。

即公大兄无奕女，左将军王凝之妻也。

孝武将讲《孝经》，谢公兄弟与诸人私庭讲习。车武子难苦问谢，谓袁羊曰："不问则德音有遗，多问则重劳二谢。"袁曰："必无此嫌。"车曰："何以知尔？"袁曰："何尝见明镜疲于屡照，清流惮于惠风。"

文帝尝令东阿王七步中作诗，不成者行大法。应声便为诗曰："煮豆持作羹，漉菽以为汁。萁在釜下然，豆在釜中泣。本自同根生，相煎何太急！"帝深有惭色。

王戎七岁，尝与诸小儿游。看道边李树多子折枝，诸儿竞走取之，唯戎不动。人问之，答曰："树在道边而多子，此必苦李。"取之，信然。

羊长和父繇，与太傅祜同堂相善，仕至车骑掾，蚤卒。长和兄弟五人，幼孤。祜来哭，见长和哀容举止，宛若成人，叹曰："从兄不亡矣！"

王黄门兄弟三人俱诣谢公，子猷、子重多说俗事，子敬寒温而已。既出，坐客问谢公："向三贤孰愈？"谢公曰："小者最胜。"客曰："何以知之？"谢公曰："吉人之辞寡，躁人之辞多，推此知之。"

# 虬髯客传

杜光庭

隋炀帝之幸江都也，命司空杨素守西京。素骄贵，又以时乱，天下之权重望崇者，莫我若也，奢贵自奉，礼异人臣。每公卿入言，宾客上谒，未尝不踞床而见，令美人捧出，侍婢罗列，颇僭于上，末年益甚。

一日，卫公李靖以布衣来谒，献奇策，素亦踞见之。靖前揖曰："天下方乱，英雄竞起，公为帝室重臣，须以收罗豪杰为心，不宜踞见宾客。"素敛容而起，与语大悦，收其策而退。当靖之骋辩也，一妓有殊色，执红拂，立于前，独目靖。靖既去，而拂妓临轩，指吏问曰："去者处士第几？住何处？"吏具以对，妓颔而去。

靖归逆旅，其夜五更初，忽闻扣门而声低者。靖起问焉，乃紫衣戴帽人，杖揭一囊。靖问谁，曰："妾杨家之红拂妓也。"靖遽延入，脱衣去帽，乃十八九佳丽人也。素面华衣而拜，靖惊，答曰："妾侍杨司空久，阅天下之人多矣，未有如公者。丝萝非独生，愿托乔木，故来奔耳。"靖曰："杨司空权重京师，如何？"曰：

“彼尸居余气，不足畏也。诸妓知其无成，去者众矣，彼亦不甚逐也。计之详矣，幸无疑焉。”问其姓，曰：“张。”问伯仲之次，曰：“最长。”观其肌肤仪状，言词气性，真天人也。靖不自意获之，益喜惧，瞬息万虑不安，而窥户者足无停屦。

既数日，闻追访之声，意亦非峻，乃雄服乘马，排闼而去。将归太原，行次灵石旅舍。既设床，炉中烹肉且熟，张氏以发长委地，立梳床前，靖方刷马。忽有一人，中形，赤髯而虬，乘蹇驴而来，投革囊于炉前，取枕欹卧，看张氏梳头。靖怒甚，未决，犹刷马。张氏熟观其面，一手握发，一手映身摇示，令勿怒，急急梳头毕，敛袂前问其姓。卧客曰：“姓张。”对曰：“妾亦姓张，合是妹。”遽拜之。问第几，曰：“第三。”问妹第几，曰：“最长。”遂喜曰：“今日多幸，遇一妹。”张氏遥呼曰：“李郎且来拜三兄。”靖骤拜，遂环坐。曰：“煮者何肉？”曰：“羊肉，计已熟矣。”客曰：“饥甚。”靖出市买胡饼。客抽匕首，切肉共食。食竟，余肉乱切炉前食之，甚速。客曰：“观李郎之行，贫士也，何以致斯异人？”曰：“靖虽贫，亦有心者焉。他人见问，固不言，兄之问，则无隐矣。”具言其由。曰：“然则何之？”曰：“将避地太原耳。”客曰：“然，吾故知非君所能致也。”曰：“有酒乎？”靖曰：“主人西则酒肆也。”

靖取酒一斗。酒既巡，客曰："吾有少下酒物，李郎能同之乎？"靖曰："不敢。"于是开革囊，取出一人头并心肝，却收头囊中，以匕首切心肝共食之。曰："此人乃天下负心者也，衔之十年，今始获，吾憾释矣。"又曰："观李郎仪形器宇，真丈夫，亦知太原之异人乎？"曰："尝见一人，愚谓之真人，其余将相而已。""其人何姓？"曰："同姓。"曰："年岁？"曰："近二十。""今何为？"曰："州将之爱子也。"曰："似矣，亦须见之。李郎能致吾一见否？"曰："靖之友刘文静者与之狎，因文静见之可也。兄欲何为？"曰："望气者言，太原有奇气，使吾访之。李郎明发，何时到太原？"靖计之，某日当到。曰："达之明日，方曙，我于汾阳桥待耳。"讫，乘驴而其行若飞，回顾已远。靖与张氏且惊惧，久之曰："烈士不欺人，固无畏，但速鞭而行。"

及期，入太原，候之，相见大喜。偕诣刘氏，诈谓文静曰："以善相，思见郎君，迎之。"文静素奇其人，方议论匡辅，一旦闻客有知人者，其心可知，遽致酒延焉。既而太宗至，不衫不履，裼裘而来，神气扬扬，貌与常异。虬髯默居坐末，见之心死。饮数巡，起招靖曰："真天子也。"靖以告刘。刘益喜自负。既出，而虬髯曰："吾见之，十八九定矣。亦须道兄见之。李郎宜与一妹复入京，某日午时，访我于马行东酒楼下，下有此驴及一瘦骡，即我与道兄俱在其所也。”

公到，即见二乘，揽衣登楼，虬髯与一道士方对饮，见靖惊喜，召坐。环饮十数巡，曰：“楼下柜中有钱十万，择一深隐处，驻一妹毕，某日，复会我于汾阳桥。”如期登楼，道士虬髯已先坐矣。共谒文静。时方弈棋，揖起而语心焉。文静飞书迎文皇看棋。道士对弈，虬髯与靖旁立为侍者。俄而文皇来，长揖而坐，神清气朗，满坐风生，顾盼玮如也。道士一见惨然，下棋子曰：“此局输矣，输矣！于此失却局，奇哉！救无路矣！知复奚言？”罢弈，请去。既出，谓虬髯曰：“此世界，非公世界也。他方可图，勉之。勿以为念。”因共入京。虬髯曰：“计李郎之程，某日方到，到之明日，可与一妹同诣某坊曲小宅。愧李郎往复相从，一妹悬然如磬，欲令新妇祗谒，略议从容，无令前却。”言毕，吁嗟而去。靖亦策马遄征。

俄即到京，与张氏同往，乃一小板门，扣之，有应者拜曰：“三郎令候一娘子李郎久矣。”延入重门，门益壮丽，奴婢三十余人，罗列于前。奴二十人引靖入东厅，非人间之物。巾妆梳栉毕，请更衣，衣又珍奇。既毕，传云三郎来，乃虬髯者，纱帽褐裘，有龙虎之姿。相见欢然。催其妻出拜，盖天人也。遂延中堂，陈设盘筵之盛，虽王公家不侔也。四人对坐，牢馔毕，陈女乐，二十人列奏于前，似从天降，非人间之曲度。食毕行酒，而家人自西堂舁出二十床，各以锦绣帕覆之。既呈，尽去其帕，乃文簿钥匙耳。虬髯谓曰："尽是珍宝货泉之数，吾之所有，悉以充赠。何者？某本欲于此世界求事，或当龙战三二年，建少功业。今既有主，住亦何为？太原李氏真英主也。三五年内，即当太平。李郎以英特之才，辅清平之主，竭心尽善，必极人臣。一妹以天人之姿，蕴不世之略，从夫之贵，荣极轩裳。非一妹不能识李郎，非李郎不能遇一妹。圣贤起陆之渐，际会如期，虎啸风生，龙腾云萃，固当然也。将余之赠，以奉真主，赞功业，勉之哉。此后十余年，东南数千里外有异事，是吾得志之秋也。妹与李郎可沥酒相贺。"顾谓左右曰："李郎一妹，是汝主也。"言毕，与其妻戎装乘马，一奴乘马从后，数步不见。靖据其宅，遂为豪家，得以助文皇缔构之资，遂匡大业。

贞观中，靖位至仆射。东南蛮奏曰："有海贼以千艘，积甲十万人，入扶余国，杀其主自立。国内已定。"靖知虬髯成功也。归告张氏，具礼相贺，沥酒东南祝拜之。

乃知真人之兴，非英雄所冀，况非英雄乎？人臣之谬思乱，乃螳螂之拒走轮耳。或曰，卫公之兵法，半是虬髯所传也。

# 智取生辰纲 注一

## 《忠义水浒传》

却说北京大名府梁中书，收买了十万贯庆贺生辰礼物完备，选日差人起程。当下一日在后堂坐下，只见蔡夫人问道："相公，生辰纲几时起程？"梁中书道："礼物都已完备，明后日便可起身。只是一件事，在此踌躇未决。"蔡夫人道："有甚事踌躇未决？"梁中书道："上年费了十万贯，收买金珠宝贝，送上东京去，只因用人不着，半路被贼劫将去了，至今无获。今年帐前眼见得又没个了事的人送去，在此踌躇未决。"蔡夫人指着阶下道："你常说这个人十分了得，何不着他委纸领状，送去走一遭，不致失误。"梁中书看阶下那人时，却是青面兽杨志。梁中书大喜，便唤杨志上厅，说道："我正忘了你，你若与我送得生辰纲去，我自有抬举你处。"杨志叉手向前，禀道："恩相差遣，不敢不依。只不知怎地打点，几时起身？"梁中书道："着落大名府差十辆太平车子，帐前拨十个厢禁军，监

注一　见贯华堂本《水浒传》第十五回。此系节选。标题著者所拟。

押着车，每辆上各插一把黄旗，上写着‘献贺太师生辰纲’，每辆车子，再使个军健跟着。三日内便要起身去。”杨志道：“非是小人推托，其实去不得，乞钧旨别差英雄精细的人去。”梁中书道：“我有心要抬举你，这献生辰纲的札子内，另修一封书在中间，太师跟前重重保你，受道敕命回来，如何倒生支词推辞不去？”杨志道：“恩相在上，小人也曾听得上年已被贼人劫去了，至今未获。今岁途中盗贼又多，此去东京又无水路，都是旱路，经过的如紫金山、二龙山、桃花山、伞盖山、黄泥冈、白沙坞、野云渡、赤松林——这几处都是强人出没的去处，更兼单身客人，亦不敢独自经过，他知道是金银宝物，如何不来抢劫？枉结果了性命。以此去不得。”梁中书道：“恁地时，多着军校防护送去便了。”杨志道：“恩相便差一万人去，也不济事，这厮们一声听得强人来时，都是先走了的。”梁中书道：“你这般说时，生辰纲不要送去了？”杨志又禀道：“若依小人一件事，便敢送去。”梁中书道：“我既委在你身上，如何不依你说？”杨志道：“若依小人说时，并不要车子，把礼物都装做十余条担子，只做客人的打扮，行货也点十个壮健的厢禁军，却装做脚夫挑着，只消一个人和小人去，却打扮做客人，悄悄连夜上东京交付，恁地时方好。”梁中书道：“你甚说得是。我写书呈，重重保你，受道诰命回来。”杨志道：“深谢恩相抬举。”当日便叫杨志一面打拴担脚，一面选拣军人。次日叫杨志来厅前伺候，梁中书出厅来问道：“杨志你几时起身？”杨志禀道：“告覆恩相，只在明早准行，就委领状。”梁中书道：“夫人也有担礼物，另送与府中宝眷，也是你领，怕你不知头路，特地再教奶公谢都管并两个虞候，和你一同去。”杨志告道：“恩相，杨志去不得了。”梁中书说道：“礼物都已拴缚完备，如何又去不得？”杨志禀道：“此十担礼物，都在小人身上，和他众人，都由杨志，要早行便早行，要晚行便晚行，要住便住，要歇便歇，亦依杨志提调。如今又叫老都管并虞候和小人去，他是夫人行的人，又是太师府门下奶公，倘若路上与小人别拗起来，杨志如何敢与他争执得？若误了大事时，杨志那其间如何分说？”梁中书道：“这个也容易，我叫他三个都听你提调便了。”杨志答道：“若是如此禀过，小人情愿便委领状，倘有疏失，甘当重罪。”梁中书大喜道：“我也不枉了抬举你，真个有见识！”随即唤老谢都管并两个虞候出来，当厅分付道：“杨志提辖情愿委了一纸领状，监押生辰纲——十一担金珠宝贝——赴京，太师府交收。这干系都在他身上。你三人和他做伴去，一路上早起晚行住歇，都要听他言语，不可和他别拗。夫人处分付的勾当，你三人自理会。小心在意，早去早回，休教有失。”老都管一一都应了。当日杨志领了。次日早起五更，在府里把担仗都摆在厅前，老都管和两个虞候又将一小担财帛，共十一担，拣了十一个壮健的厢禁军，都做脚夫打扮。杨志戴上凉笠儿，穿着青纱衫子，系了缠带，行履麻鞋，跨口腰刀，提条朴刀。老都管也打扮做个客人模样，两个虞候假装做跟的伴当。各人都拿了条朴刀，又带几根藤条。梁中书付与了札付书呈。一行人都吃得饱了，在厅上拜辞了梁中书。看那军人担仗起程，杨志和谢都管两个虞候监押着，一行共是十五人，离了梁府，出得北京城门，取大路投东京进发。

此时正是五月半天气，虽是晴明得好，只是酷热难行。杨志一心要取六月十五日生辰，只得在路上趱行。自离了这北京五七日，端的只是起五更，趁早凉便行，日中热时便歇。五七日后，人家渐少，行路又稀，一站站都是山路。杨志却要辰牌起身，申时便歇。那十一个厢禁军担子又重，无有一个稍轻，天气热了行不得，见着林子便要去歇息。杨志赶着催促要行，如若停住，轻则痛骂，重则藤条便打，逼赶要行。两个虞候虽只背些包裹行李，也气喘了行不上。杨志便嗔道：“你两个好不晓事！这干系须是俺的！你们不替洒家打这夫子，却在背后也慢慢地挨。这路上不是耍处！”那虞候道：“不是我两个要慢走，其实热了行不动。前日只是趁早凉走，如今恁地正热里要行，正是好歹不均匀！”杨志道：“你这般说话，却似放屁！前日行的须是好地面，如今正是尴尬去处。若不日里赶过去，谁敢五更半夜走？”两个虞候口里不道，肚中寻思：“这厮不直得便骂人！”杨志提了朴刀，拿着藤条，自去赶那担子。两个虞候坐在柳阴树下，等得老都管来。两个虞候告诉道：“杨家那厮，强杀只是我相公门下一个提辖，直这般会做大！”老都管道：“须是相公当面分付道，‘休要和他别拗’，因此我不做声。这两日也看他不得。权且耐他。”两个虞候道：“相公也只是人情话儿，都管自做个主便了。”老都管又道：“且耐他一耐。”当日行到申牌时分，寻得一个客店里歇了。那十个厢禁军，雨汗通流，都叹气吹嘘，对老都管说道：“我们不幸做了军健！情知道被差出来——这般火似热的天气，又挑着重担！这两日又不拣早凉行！动不动老大藤条打来，都是一般父母皮肉，我们直恁地苦！”老都管道：“你们不要怨恨，巴到东京时，我自赏你。”那军汉道：“若是似都管看待我们时，并不敢怨恨。”又过了一夜，次日天色未明，众人起来，都要乘凉起身去。杨志跳起来喝道：“那里去！且睡了，却理会。”诸军汉道：“趁早不走，日里热时走不得，却打我们！”杨志大骂道：“你们省得甚么？”拿了藤条要打，众军忍气吞声，只得睡了。当日直到辰牌时分，慢慢地打火，吃了饭走。一路上赶打着，不许投凉处歇。那十一个厢禁军口里喃喃呐呐地怨恨，两个虞候在老都管面前絮絮聒聒地搬口。老都管听了也不着意，心内自恼他。

话休絮繁。似此行了十四五日，那十四个人没一个不怨恨杨志。当日客店里，辰牌时分，慢慢地打火吃了早饭行。正是六月初四日时节，天气未及晌午，一轮红日当天，没半点云彩，其实十分大热。当日行的路，都是山僻崎岖小径，南山北岭，却监着那十一个军汉，约行了二十余里路程。那军人们思量要去柳阴树下歇凉，被杨志拿着藤条打将来，喝道：“快走！教你早歇！”众军人看那天时，四下里无半点云彩，其实那热不可当。杨志催促一行人在山中僻路里行，看看日色当午，那石头上热了，脚疼走不得，众军汉道：“这般天气热，兀的不晒杀人！”杨志喝着军汉道：“快走！赶过前面冈子去，却再理会。”正行之间，前面迎着那土冈子，一行十五人奔上冈子来，歇下担仗，那十四人都去松林树下睡倒了。杨志说道：“苦也！这里是什么去处，你们却在这里歇凉！起来快走！”众军汉道：“你便剁我做七八段，也去不得了！”杨志拿起藤条，劈头劈脑打去，打得这个起来，那个睡倒。杨志无可奈何。只见两个虞候和老都管气喘急急，也巴到冈子上松树下坐下喘气。看这杨志打那军健，老都管见了，说道：“提辖，端的热了走不得！休见他罪过！”杨志道：“都管，你不知！这里正是强人出没的去处，地名叫做黄泥冈。闲常太平时节，白日里兀自出来劫人，休道是这般光景。谁敢在这里停脚！”两个虞候听杨志说了，便道：“我见你说好几遍了，只管把这话来惊吓人！”老都管道：“权且教他们众人歇一歇，略过日中行，如何？”杨志道：“你也没分晓了！如何使得！这里下冈子去，兀自有七八里没人家。甚么去处！敢在此歇凉！”老都管道：“我自坐一坐了走，你自去赶他众人先走。”杨志拿着藤条喝道：“一个不走的，吃俺二十棍。”众军汉一齐叫将起来，数内一个分说道：“提辖，我们挑着百十斤担子，须不比你空手走的！你端的不把人当人！只是留守相公自来监押时，也容我们说一句！你好不知痛痒！只顾逞辩！”杨志道：“这畜生呕死俺！只是打便了！”拿起藤条劈脸又打去。老都管喝道：“杨提辖且住！你听我说：我在东京太师府里做奶公时，门下军官见了无千无万，都向着我喏喏连声，不是我口浅，量你是个遭死的军人，相公可怜，抬举你做个提辖，比得芥菜子大小的官职，直得恁地逞能！休说我是相公家都管，便是村庄一个老的，也合依我劝一劝。只顾把他们打，是何看待！”杨志道：“都管，你须是城市里人，生长在相府里，那里知道途路上千难万难！”老都管道：“四川、两广也曾去来，不曾见你这般卖弄。”杨志道：“如今须不比太平时节。”都管道：“你说这话该剜口割舌！今日天下怎地不太平？”杨志却待要回言，只见对面松林里影着一个人，在那里舒头探脑价望。杨志道：“俺说什么，兀的不是歹人来了！”撇下藤条，拿了朴刀，赶入松林里来，喝一声道：“你这厮好大胆！怎敢看俺的行货！”赶来看时，只见松林里一字儿摆着七辆江州车儿，六个人脱得赤条条的，在那里乘凉，一个鬓边老大一搭朱砂记，拿着一条朴刀。见杨志赶入来，七个人齐叫一声“阿也！”都跳起来。杨志喝道：“你等是甚么人！”那七人道：“你是甚么人？”杨志又问道：“你等莫不是歹人？”那七人道：“你颠倒问，我等是小本经纪，那里有钱与你？”杨志道：“你等小本经纪人，偏俺有大本钱？”那七人问道：“你端的是甚么人？”杨志道：“你等且说那里来的人？”那七人道：“我等弟兄七人是濠州人，贩枣子上东京去，路途打从这里经过。听得多人说，这里黄泥冈上，时常有贼打劫客商。我等一面走，一头自说道：‘我等七个只有些枣子，别无甚财货，只顾过冈子来。’上得冈子，当不过这热，权且在这林子里歇一歇，待晚凉了行。只听得有人上冈子来，我们只怕是歹人，因此使这个兄弟出来看一看。”杨志道：“原来如此，也是一般的客人。却才见你们窥望，惟恐是歹人，因此赶来看一看。”那七个人道：“客官请几个枣子了去。”杨志道：“不必。”提了朴刀，再回担边来。老都管坐着道：“既是有贼，我们去休。”杨志说道：“我只道是歹人，原来是几个贩枣子的客人。”老都管别了脸对众军道：“似你方才说时，他们都是没命的。”杨志道：“不必相闹，俺只要没事便好。你们且歇了，等凉些走。”众军汉都笑了。杨志也把朴刀插在地上，自去一边树下坐了歇凉。

没半碗饭时，只见远远地一个汉子挑着一副担桶，唱上冈子来，唱道：“赤日炎炎似火烧，野田禾稻半枯焦。农夫心内如汤煮，公子王孙把扇摇。”那汉子口里唱着，走上冈子来，松林里头歇下担桶，坐地乘凉。众军看见了，便问那汉子道：“你桶里是什么东西？”那汉子应道：“是白酒。”众军道：“挑往那里去？”那汉子道：“挑出村里卖。”众军道：“多少钱一桶？”那汉子道：“五贯足钱。”众军商量道：“我们又热又渴，何不买些吃，也解暑气。”正在那里凑钱，杨志见了喝道："你们又做甚么？"众军道："买碗酒吃。"杨志调过朴刀杆便打，骂道："你们不得洒家言语，胡乱便要买酒吃，好大胆！"众军道："没事又来鸟乱！我们自凑钱买酒吃，干你甚事！也来打人！"杨志道："你这村鸟，理会得什么！到来只顾吃嘴，全不晓得路途上的勾当艰难！多少好汉，被蒙汗药麻翻了！"那挑酒的汉子看着杨志冷笑道："你这客官好不晓事！早是我不卖与你吃，却说出这般没气力的话来！"正在松树边闹动争说，只见对面松林里那伙贩枣子的客人，都提着朴刀走出来问道："你们做甚么闹？"那挑酒的汉子道："我自挑这酒，过冈子村里卖，热了在此歇凉。他众人要问我买些吃，我又不曾卖与他，这个客官道我酒里有甚么蒙汗药，你道好笑么？说出这般话来！"那七个客人说道："呸！我只道有歹人出来，原来是如此。说一声，也不打紧。我们正想酒来解渴，既是他们疑心，且卖一桶与我们吃。"那挑酒的道："不卖！不卖！"这七个客人道："你这鸟汉子也不晓事，我们须不曾说你。你左右将到村里去卖，一般还你钱，便卖些与我们，打甚么不紧？看你不道得舍施了茶汤，便又救了我们热渴。"那挑酒的汉子便道："卖一桶与你不争，只是被他们说的不好，又没碗瓢舀吃。"那七人道："你这汉子忒认真，便说了一声，打甚么不紧？我们自有椰瓢在这里。”只见两个客人去车子前取出两个椰瓢来，一个捧出一大捧枣子来。七个人立在桶边，开了桶盖，轮替换着舀那酒吃，把枣子过口。无一时，一桶酒都吃尽了。七个客人道：“正不曾问得你多少价钱？”那汉道：“我一了不说价，五贯足钱一桶，十贯一担。”七个客人道：“五贯便依你五贯，只饶我们一瓢吃。”那汉道：“饶不得！做定的价钱！”一个客人把钱还他，一个客人便去揭开桶盖兜了一瓢，拿上便吃。那汉去夺时，这客人手拿半瓢酒，望松林里便走。那汉赶将去，只见这边一个客人从松林里走将出来，手里拿一个瓢，便来桶里舀了一瓢酒。那汉看见，抢来劈手夺住，望桶里一倾，便盖了桶盖，将瓢望地下一丢，口里说道：“你这客人好不君子相！戴头识脸的，也这般罗唣！”那对过众军汉见了，心内痒起来，都待要吃，数中一个看着老都管道：“老爷爷与我们说一声。那卖枣子的客人买他一桶吃了，我们胡乱也买他这桶吃，润一润喉也好。其实热渴了，没奈何。这里冈子上又没讨水吃处。老爷方便！”老都管见众军所说，自心里也要吃得些，竟来对杨志说：“那贩枣子客人已买了他一桶吃，只有这一桶，胡乱教他们买吃些避暑气。冈子上端的没处讨水吃。”杨志寻思道：“俺在远处望这厮们都买他的酒吃了，那桶酒当面也见吃了半瓢，想是好的。……打了他们半日，胡乱容他买碗吃罢。”杨志道：“既然老都管说了，教这厮们买吃了便起身。”众军健听了这话，凑了五贯足钱来买酒吃，那卖酒的汉子道：“不卖了！不卖了！这酒里有蒙汗药在里头！”众军陪着笑说道：“大哥，值得便还言语？”那汉道：“不卖了！休缠！”这贩枣子的客人劝道：“你这个鸟汉子！他也说得差了，你也忒认真，连累我们也吃你说了几声。须不关他众人之事，胡乱卖与他众人吃些。”那汉道：“没事讨别人疑心做什么？”这贩枣子客人把那卖酒的汉子推开一边，只顾将这桶酒提与众军去吃。那军汉开了桶盖，无甚舀吃，陪个小心问客人借这椰瓢用一用。众客人道：“就送这几个枣子与你们过酒。”众军谢道：“甚么道理？”客人道：“休要相谢，都是一般客人，何争在这百十个枣子上？”众军谢了，先兜两瓢，叫老都管吃一瓢，杨提辖吃一瓢。杨志那里肯吃。老都管自先吃一瓢，两个虞候各吃一瓢。众军汉一发上，那桶酒登时吃尽了。杨志见众人吃了无事，自本不吃，一者天气甚热，二乃口渴难熬，拿起来只吃了一半，枣子分几个吃了。那卖酒的汉子说道：“这桶酒被那客人饶一瓢吃了，少了你些酒，我今饶了你众人半贯钱罢。”众军汉凑出钱来还他。那汉子收了钱，挑了空桶，依然唱着山歌自下冈子去了。那七个贩枣子的客人立在松树旁边，指着这一十五人说道：“倒也！倒也！”只见这十五个人头重脚轻，一个个面面厮觑，都软倒了。那七个客人从松树林里推出这七辆江州车儿，把车子上枣子都丢在地上，将这十一担金珠宝贝都装在车子内，遮盖好了，叫声“聒噪！”一直望黄泥冈下推去了。杨志口里只是叫苦，软了身体，挣扎不起。十五人眼睁睁地看着那七个人都把这金宝装了去，只是起不来，挣不动，说不得。

我且问你：这七人端的是谁？不是别人，原来正是晁盖、吴用、公孙胜、刘唐、三阮这七个。却才那个挑酒的汉子，便是白日鼠白胜。却怎地用药？原来挑上冈子时，两桶都是好酒，七个人先吃了一桶，刘唐揭起桶盖，又兜了半瓢吃，故意要他们看看，只是叫人死心塌地。次后吴用去松林里取出药来，抖在瓢里，只做走来饶他酒吃，把瓢去兜时，药已搅在酒里，假意兜半瓢吃，那白胜劈手夺来，倾在桶里。——这个便是计策。那计较都是吴用主张。这个唤做“智取生辰纲”。

# 第六节 | 戏曲

## 【戏曲是什么】

戏曲是曲的一种。曲一名词余，是戏曲和散曲的混称。散曲又分小令和套数，戏曲又分杂剧和传奇。《散曲之研究》里说："曲之单调名小令，合单调若干成套为套数；一套或四五套而插以科与白为杂剧；如此再益至四五套以上，则为传奇。"注一于此可见它们演变的轨迹。

注一 《散曲之研究》为词曲学家任中敏（1897—1991）的著作。

戏曲起于北方，先有杂剧，故杂剧一名北曲。后以北曲文辞粗疏，四声缺一，为文士所不满，于是用比较文雅的辞句，解放的体裁，别创新曲，名为传奇，亦称南曲。它们的分别：北曲每折限一宫调，又限一人唱，每本限定四折，间加楔子；南曲没有一定的折数，一折也不限一宫调，而且不独可以几个角色合唱一折，并可以几个角色合唱一曲。

宋代也有所谓杂剧，乃南戏[注一]而非北曲，现都失传，仅从《武林旧事》中，可以考见它的名目有二百八十余本。金的杂剧叫院本，也都失传，名目见于《辍耕录》的，有六百九十种之多。这二类戏曲，都与元剧不同，无论在文辞方面，或体制方面。

## 【元明杂剧】

杂剧的名作家，有关、郑、马、白，被称为元曲四大家[注二]。关汉卿为金末人，著有剧六十三种，今存十七种[注三]，以《窦娥冤》及《续西厢》[注四]最著名。郑光祖著剧十九种，今存五种[注五]，

注一　此南戏当指南宋杂剧，而不是宋元南戏，后者入明演变成传奇。南宋杂剧和金杂剧同源于北宋杂剧。金杂剧后发展出元杂剧，南宋杂剧一定程度上促进了南戏的形成。

注二　或云王、关、马、白，王是王实甫。

注三　杂剧六十七种，全存十八种。

注四　有种说法认为，《西厢记》第五本是关汉卿续作。

注五　杂剧十八种，全存七种。

以《王粲登楼》及《倩女离魂》为佳作。马致远号东篱，作曲十四种，今存六种[注一]，《汉宫秋》可算他的代表作。白朴亦金末人[注二]，共著曲十五种，今存《梧桐雨》、《东墙记》及《墙头马上》三种[注三]。与四人齐名的，尚有王实甫，作剧十四种，今只存《丽春堂》、《破窑记》与《西厢记》[注四]。又有杨景言[注五]作《西游记》，长至六本，为现存元曲中最长之作。此外的著名剧家，有李寿卿、尚仲贤、武汉臣、乔吉，均作剧十一种，高文秀作剧三十四种，郑廷玉作剧二十四种，石君宝、王仲文均作剧十种，杨显之作剧八种[注六]。其他作剧一至七种而成名的也很多。

北曲在明代，作者亦夥。《荆钗记》的作者朱权[注七]，作有杂剧十二种。朱有燉作有杂剧二十七种[注八]，总名《诚斋乐府》。徐渭著有《四声猿》，清人桂馥仿之作《后四声猿》。康海著有《中山狼》。王九思作剧二种。杨慎作剧三种。黄方儒作《陌花轩杂剧》六种[注九]。

注一　杂剧十五种，全存七种。
注二　严格来说，白朴与关汉卿皆生于金末，创作于元。
注三　杂剧十六种，全存三种。
注四　另残存两种。
注五　杨讷的字，一字景贤。
注六　李、尚、武各十种，高三十二种，郑二十三种。
注七　此系王国维观点，误。作者另有柯丹邱、柯九思、无名氏等说，今一般认同第一说。
注八　明周宪王杂剧三十一种，全存。
注九　黄方儒即黄方胤，《陌花轩杂剧》七种。

来集之作《秋风三剧》及其他[注一]。吴伟业[注二]作《通天台》及《临春阁》。其他尚多，真不胜枚举。

## 【明清传奇】

传奇在元末明初已有作者，且均享有佳名。如《荆》、《刘》、《拜》、《杀》及《琵琶记》五种[注三]，至今推为名作。《荆钗记》为朱权所作，共四十八出。《刘知远》一名《白兔记》，已不知作者姓名[注四]。《拜月亭》亦名《幽闺记》，相传为元施惠作，惠一作姓沈。《杀狗记》的作者为徐畛，剧材取之于萧德祥[注五]的《杀狗劝夫》杂剧。《琵琶记》为高明所作，它在南曲中的地位，和《西厢记》在北曲中的地位一样。此后汤显祖作《玉茗堂四梦》——《紫钗记》、《还魂记》、《南柯梦》、《邯郸梦》，间混以北曲。《还魂记》亦称《牡丹亭》，尤为少男少女所倾倒。明末有阮大铖的《春灯谜》与《燕子笺》，吴伟业的《秣陵春》[注六]，亦称名作。此外明代名曲家，有王世贞、梁辰鱼（昆腔的创始

注一　来集之杂剧六种，《女红纱》、《蓝采和》、《阮步兵》合称《秋风三叠》。
注二　吴伟业入清，一般不视为明代诗人。
注三　此五种皆是南戏。
注四　永嘉书会才人编，或云刘唐卿改编。
注五　萧天瑞的字。
注六　此剧应创作于入清后。

者)[注一]、郑若庸、屠隆、沈璟、陆采、梅鼎祚、汪廷讷、徐复祚等，不下百人。

清人曲家，每南北曲不分，但也间有佳作。清初除吴伟业外，尚有李渔的《十种曲》——《风筝误》、《蜃中楼》、《凰求凤》、《意中缘》、《比目鱼》、《玉搔头》、《慎鸾交》、《巧团圆》、《奈何天》、《怜香伴》，情文俱妙，词彩平易，且概为喜剧。稍后，有南洪北孔。洪昇著有《长生殿》，孔尚任著有《桃花扇》，都是历史剧，擅名一时。昇另有《天涯泪》、《四婵娟》等剧[注二]；尚任亦另有《小忽雷》[注三]，但均不著名。又后，蒋士铨著《红雪楼九种曲》，以典丽婉雅胜，取材亦大抵为史实。九种曲为《香祖楼》、《空谷香》、《桂林霜》、《一片石》、《第二碑》、《临川梦》、《雪中人》、《冬青树》及《四弦秋》[注四]。其他如黄韵珊[注五]的《倚晴楼七种曲》，金冬心的《自度曲》[注六]，陈烺的《玉狮堂十种曲》，舒位的《瓶笙斋修箫谱》[注七]，唐英的《古柏堂传奇》十二种[注八]，张坚

注一　梁辰鱼并非昆腔的创始人，通常认为，他的《浣纱记》是第一部为昆腔创作的剧本。
注二　此处所举为杂剧。《四婵娟》外，诸剧皆不存。
注三　此剧系与顾彩合作。
注四　其中《一片石》、《第二碑》、《四弦秋》为杂剧。
注五　黄燮清的号。
注六　金农号冬心先生，《自度曲》为散曲集。
注七　《瓶笙馆修箫谱》杂剧四种。
注八　《古柏堂传奇》十七种，其中传奇五种。

的《玉燕堂四种曲》，均为一时佳制。

## 【皮黄的起来】

自明梁辰鱼创昆腔后，传奇的演唱都废其他唱法而一致用它。[注一]可是到了清代中叶，皮黄剧渐渐起来，到了最后，几取昆腔在剧台上的地位而代之。过去及此后所作的种种传奇，遂都成为文人书架上的装饰品了。

余治的《庶几堂今乐》，是他创作的皮黄戏用的剧本集，共有四十种[注二]，现在剧台上常演的《朱砂痣》，就是其中的一种。在他以前的皮黄戏，大都是些昆曲的改头换面，他才是皮黄戏的唯一创作者。而且，后来也就少有像他这样专门创作的人了。

在清末维新思想盛行时，曾产生过一个旧剧的革新者，就是当时称为旧剧界之维新派、新剧界之国粹派的汪笑侬。他名舜人，满洲人，做过县令，以轻狂革职，乃为伶人，自号伶隐。[注三]尝受上海戏园之聘，遂专力于编剧，著有《博浪锥》[注四]、

注一　自晚明到清中叶，昆腔是传奇的主导声腔，但其他南曲声腔并未绝响。
注二　实际只刊刻了二十八种。
注三　本名德克俊，舜人其字之一。汪笑侬之名系因京剧名角汪桂芬之激而自取。
注四　锥当作椎，但《汪笑侬戏曲集》作锥，今仍之。

《桃花扇》、《完璧归赵》、《胭脂判》、《恩仇血》等数十种，皆就旧有规模，而易以新思想，其贡献也不亚于创作。

此外皮黄戏的作者尚多，大都不很著名，所以不复一一叙述了。

## 沉黑江明妃青冢恨 注一

马致远

（番使拥旦上，奏胡乐科。旦云）妾身王昭君，自从选入宫中，被毛延寿将美人图点破，送入冷宫。甫能得蒙恩幸，又被他献与番王形像。今拥兵来索，待不去，又怕江山有失；没奈何将妾身出塞和番。这一去，胡地风霜怎生消受也！自古道：红颜胜人多薄命，莫怨春风当自嗟。（驾引文武内官上。云）今日灞桥饯送明妃，却早来到也！（唱）

［双调·新水令］锦貂裘生改尽汉宫妆，我则索看昭君画图模样。旧恩金勒短，新恨玉鞭长。本是对金殿鸳鸯，分飞翼，怎承望！

（云）您文武百官，计议怎生退了番兵，免明妃和番者！（唱）

［驻马听］宰相每商量，大国使还朝多赐赏。早是俺夫妻悒怏，小家儿出外也摇装。尚兀自渭城衰柳助凄凉，共那灞桥流水添惆怅。偏您不断肠，想娘娘那

注一　即《破幽梦孤雁汉宫秋》（《汉宫秋》）。此处所选为第三折。

一天愁都撮在琵琶上。

（做下马科，与旦打悲科。驾云）左右，慢慢唱者！我与明妃饯一杯酒。（唱）

［步步娇］您将那一曲阳关休轻放，俺咫尺如天样，慢慢的捧玉觞。朕本意待尊前挨些时光。且休问劣了宫商，您则与我半句儿俄延着唱。

（番使云）请娘娘早行，天色晚了也！（驾唱）

［落梅风］可怜俺别离重，你好是归去的忙。寡人心先到他李陵台上，回头儿却才魂梦里想，便休题贵人多忘。

（旦云）妾这一去，再何时得见陛下？把我汉家衣服都留下者。（诗云）正是：今日汉宫人，明朝胡地妾。忍着主衣裳，为人作春色？（留衣服科。驾唱）

［殿前欢］则什么留下舞衣裳，被西风吹散旧时香。我委实怕宫车再过青苔巷，猛到椒房。那一会想菱花镜里妆，风流相，兜的又横心上。看今日昭君出塞，几时似苏武还乡？

（番使云）请娘娘行罢，臣等来多时了也！（驾云）罢，罢，罢！明妃，你这一去，休怨朕躬也！（做别科。驾云）我那里是大汉皇帝！（唱）

［雁儿落］我做了别虞姬楚霸王，全不见守玉关征西将。那里取保亲的李左车，送女客的萧丞相。

（尚书云）陛下不必挂念。（驾唱）

［得胜令］他去也不沙架海紫金梁，枉养着那边庭上铁衣郎。您也要左右人扶侍，俺可甚糟糠妻下堂？您但提起刀枪，却早小鹿儿心头撞。今日央及煞娘娘，怎做的男儿当自强！

（尚书云）陛下，咱回朝去罢！（驾唱）

［川拨棹］怕不待放丝缰，咱可甚鞭敲金镫响。你管燮理阴阳，掌握朝纲，治国安邦，展土开疆。假若俺高皇，差你个梅香，背井离乡，卧雪眠霜，若是他不恋恁春风画堂，我便官封你一字王。

（尚书云）陛下，不必苦死留他，着他去了罢！（驾唱）

［七弟兄］说什么大王不当恋王嫱，兀良，怎禁他临去也回头望！那堪这散风雪旌节影悠扬，动关山鼓角声悲壮。

［梅花酒］呀！俺向着这迥野悲凉。草已添黄，色早迎霜。犬褪得毛苍，人搠起缨枪，马负着行装，车迎着糇粮，打猎起围场。他他他，伤心辞汉王；我我我，携手上河梁。他部从，入穷荒；我銮舆，返咸阳。返咸阳，过宫墙；过宫墙，绕回廊；绕回廊，近椒房；近椒房，月昏黄；月昏黄，夜生凉；夜生凉，泣寒螀；泣寒螀，绿纱窗；绿纱窗，不思量！

［收江南］呀！不思量，除是铁心肠。铁心肠，也愁泪滴千行。美人图，今夜挂昭阳，我那里供养，便是我高烧银烛照红妆。

（尚书云）陛下回銮罢，娘娘去远了也！（驾唱）

［鸳鸯煞］我煞大臣行说一个推辞谎，又则怕笔尖儿那火编修讲。不见他花朵儿精神，怎趁那草地里风光。唱道伫立多时，徘徊半晌。猛听的塞雁南翔，呀呀的声嘹喨。却原来满目牛羊，是兀那载离恨的毡车半坡里响。

（下。番王引部落拥昭君上。云）今日汉朝不弃旧盟，将王昭君与俺番家和亲。我将昭君封为宁胡阏氏，坐我正宫，两国息兵，多少是好。众将士，传下号令，大众起行，望北而去！（做行科。旦问云）这里甚地面了？（番使云）这里黑龙江番汉交界去处，南边属汉家，北边属我番国。（旦云）大王借一杯酒，望南浇奠，辞了汉家，长行去罢！（做奠酒科）汉朝皇帝，妾身今生已矣，尚待来生也！（做跳江科。番王惊救不及，叹科。云）嗨！可惜，可惜！昭君不肯入番，投江而死。罢，罢，罢！就葬在此江边，号为青冢者！我想来，人也死了，枉与汉朝结下这般仇隙，都是毛延寿那厮搬弄出来的。把都儿，将毛延寿拿下，解送汉朝处治。我依旧与汉朝结和，永为甥舅，却不是好？（诗云）则为他丹青画误了昭君，北汉王暗地私奔，将美人图又来哄我，要索取出塞和亲。岂知道投江而死，空落的一见消魂。似这等奸邪逆贼，留着他终是祸根。不如送他去汉朝哈喇，依旧的甥舅礼，两国长存。（下）

# 琵琶记·吃糠

高　明

（旦上）

［商调过曲·山坡羊］（旦）乱荒荒不丰稔的年岁，远迢迢不回来的夫婿，急煎煎不耐烦的二亲，软怯怯不济事的孤身己。衣尽典，寸丝不挂体。几番拚死了奴身已。争奈没主公婆谁看取？思之，虚飘飘，命怎期？难挨，实丕丕，灾共危！

（旦）奴家早上安排些饭与公婆吃，岂不欲买些鲑菜，争奈无钱去买。谁想婆婆抵死埋怨，只道奴家背地自吃了甚么东西。唉！不知奴家吃的是米膜糠秕。又不敢教他知道。便使他埋怨杀了我，也不敢分说。真个好苦也！

［前腔］（旦）酸溜溜难穷尽的珠泪，乱纷纷难宽解的愁结，骨崖崖难扶持的病身，战兢兢难挨过的时和岁。这糠，我待不吃他呵，教奴怎忍饥？待吃他呵，教奴怎生吃？思想起来，不若奴先死，图得不知他亲死时！思之，虚飘飘，命怎期？难挨，实丕丕，灾共危！

（旦吃糠，呕吐介）

［双调过曲·孝顺儿］（旦）呕得我肝肠痛，珠泪垂，喉咙尚兀自牢嗄住。糠呵！你遭砻被舂杵，筛你簸扬你，吃尽控持，好似奴家身狼狈，千辛万苦皆经历。苦人吃着苦味，两苦相逢，可知道欲吞不去！

［前腔］（旦）糠和米，本是同依倚，却遭簸扬作两处飞。一贱与一贵，好似奴家与夫婿，终无见期。丈夫你便是米呵，米在他乡没处寻。奴家便是糠呵，怎地把糠来救得人饥馁！好似儿夫出去，怎地教奴供养得公婆甘旨！

［前腔］（旦）思量我生无益，便死不值甚的，倒不如忍饥死了为怨鬼！只是公婆老年纪，靠奴家共依倚，只得苟活片时。片时苟活虽容易，到底日久也难相聚！漫把糠来相比，这糠尚有人吃，奴的骨头知他埋在何处！

（外扮蔡公，净扮蔡母潜上）媳妇，你在这里吃甚么？（旦）奴家不曾吃甚么。（净搜看介）这是甚么东西？（旦）呀，婆婆，这东西你吃不得的！

［前腔］（旦）这是谷中膜，米外皮。（外）这是糠。你要他做甚么？（旦）将来鞞䊢堪疗饥。（净）咦！这糠只好喂猪狗，如何自吃？（旦）尝闻古贤书，狗彘食人食。那糠虽不中吃，也强如草根树皮！（外、净）这

样苦涩的东西，不怕噎坏了你？（旦）啮雪吞毡，苏卿犹健。餐松食柏，倒做得神仙侣。这糠呵，纵然吃些何虑！（净）媳妇，我只不信这糠秕你如何便吃得下？（旦）唉！爷妈休疑，奴须是你孩儿的糟糠妻室！

（外、净哭介）媳妇，你原来背地里如此受苦，我却错埋怨了你，兀的不痛杀我也！（外、净同哭倒介。旦哭叫介）公公、婆婆苏醒！

[正宫过曲・雁过沙]（旦）你沉沉向冥途，空教我耳边呼。公公，婆婆，我不能尽心相奉事，反教你为我归黄土。教人说你死缘何故？公公，婆婆，你怎生便割舍得抛弃了奴！

（外醒介。旦）好了！公公醒了！公公，你阐闼些！（外哭介）

[前腔]（外）媳妇，你担饥事舅姑，媳妇，你担饥怎生度？（旦）公公且自宽心，不要烦恼！（外）媳妇，婆婆错埋怨了你，你也不推辞，到如今始信有糟糠妇！媳妇，我多应不久归阴府，也省得为吾死的累你生的受苦！

（旦扶外起科）公公，且请你去床上安息，待奴家看婆婆如何。（叫介）婆婆苏醒！呀，不好了！婆婆不应，多管不济事了！（哭介）

[前腔]（旦）婆婆气全无，教奴怎支吾！唉，丈夫

呵，我千辛万苦为你相看顾，如今到此，却难回护！我还愁母死难留父，倘凶丧迭至，教我奈何！

（外）媳妇，婆婆还好么？（旦）婆婆不好了！（外哭介）

［前腔］（外）我当初不寻思，教孩儿往帝都。把媳妇闷得孤又苦，把婆婆又送黄泉路！媳妇，算来是我相担误！不如吾死，免把你再辜负！

（旦）公公，休说这话，自将息！（外）媳妇，婆婆死了，衣衾棺椁件件皆无，如何是好？（旦）公公宽心，待奴家自去措处。（末扮张太公上）福无双至，祸不单行。适间听得蔡家老夫妇两个疑惑他媳妇赵五娘背地自己吃了甚么东西，及至去看他，却在那里吃糠，两个老的见了，心中痛伤起来，一时都害了病。我不免去探视他一遭。（见旦，呼介）五娘子，你为甚么慌慌张张？（旦）太公，奴家婆婆死了。（末）唉，你婆婆死了，正是：天有不测风云，人有旦夕祸福！如今你公公在那里？（旦）在床上睡着。（末）待我去看他一看。（见外介。外）太公休怪，我起来不得了。（末）老员外，不要劳动！（旦）太公，我婆婆死了，后事都未备，如何是好！（末）五娘子，你免愁烦，我自有区处。（旦）怎好又烦累太公！

［仲吕入双调·玉抱肚］（旦）千般生受，教奴

家如何措手？终不然，竟把他骸骨，没棺椁送在荒丘！（合）相看到此，不由人不泪珠流。真个不是冤家不聚头！

[前腔]（末）五娘子，你不必多忧，资送婆婆在吾身上有。你只小心承值公公，莫教他又成不救。（合）相看到此，不由不泪珠流。真个不是冤家不聚头！

[前腔]（外）张公护救，我媳妇实难启口。孩儿去后，又遇饥荒，把衣衫典卖无留！（合）相看到此，不由人不泪珠流。真个不是冤家不聚头！

（末）老员外，你请自将息。少停，待我唤家僮讨个棺木来，殡殓老安人，选择吉日，送往南山安葬便了。（外、旦）如此，多谢太公。

（下场诗）（旦）只为无钱送老娘。（末）须知此事有商量。（合）归家不敢高声哭，只恐猿闻也断肠！

# 祭　江

佚　名

正旦　（内白）摆驾！

（四御林两宫女引正旦上。唱）

［二簧］曾记得当年来此地，棒打的鸳鸯两离分。汉皇叔，遭不幸，龙归海境。倒叫我，朝夕间，忍泪伤心。内侍臣，摆御驾，好把路引，清风一阵未亡人。

（白）将祭礼摆下。

众　有。

正旦　（白）两厢退下。

（众应下）

正旦　（白）设祭长江岸，举目望西川。梦魂何日见？皇叔呀！空教两泪悬。

（叫头。唱）

［倒板］孙尚香，在江边，悲声告禀。

［回龙］尊一声，汉皇叔，在天之灵。

［反二簧］好夫妻，恶姻缘，悲声不尽。半空中，须见妾，一点忍心。可叹你，大英雄，出世受困。可叹你，结桃园，义共死生。可叹你，破黄巾，功劳立稳。

可叹你，虎牢关，乃显威名。可叹你，投河北，袁绍记恨。可叹你，失散了，徐州沛郡。可叹你，救孔融，仁义忠心。可叹你，弟兄们，相会古城。好容易，得四川，坐立未稳。又遇着，讨荆州，二叔归神。为报仇，战虢亭，逢遇陆逊。我的皇叔呀！失机谋，被他人，火焚连营。多亏了，五虎将，忠心耿耿。多亏了，诸葛亮，赤胆忠心。只哭得，肝肠断，咽喉气尽。半空中，并不见，半点应声。看将来，人在世，犹如一梦。必须要，学一个，万古留名。

（白）呀！且住，想我皇叔已死，奴岂独生。虽然在世，也是无益，不免拜谢母后养育之恩，以全名节，寻个自尽了罢。（唱）

[滚板]江水滔滔波浪滚，拜谢母后养育恩。尊声皇叔，你慢相等。我的皇叔呀！（哭，扫一句）罢！

（投江介。四水旗上，斜门下。）

龙王 （上，白[水龙吟]）今奉上帝敕旨，孙氏尚香，（原人引正旦上）投江尽节，封为枭姬娘娘，钦哉谢恩！

正旦 （白）圣寿无疆，参见玉帝去者。

（窝[尾声]下）

## 习 题 四

1. 文学起源于什么？产生的动机怎样？

2. 文学的内容是怎样丰富起来的？

3.《汉书·艺文志》分诗、赋为哪几类？

4. 小说与戏曲在过去学术上的地位怎样？

5. 最初的诗歌是什么？

6. 唐诗可分为哪几个时期？

7. 李、杜诗有什么不同？

8. 王、孟、高、岑为谁？

9. 苏门六君子为谁？

10. 明代的著名诗人为谁？

11. 赋的来源和演变的形势怎样？

12. 六朝著名赋家为谁？有何名作？

13. 唐代著名律赋作家为谁？

14. 宋代著名散赋作家为谁？

15. 词为什么又叫长短句？

16. 专门作词始于何人？

17. 二晏词的作风怎样？

18. 欧阳修词何以令人不信出于他笔下？

19. 苏轼、柳永词的作风有何不同？

20. 李清照词的内容和作风怎样？

21. 金、元、明的著名词人为谁？

22. 小说的来源怎样？

23. 中国最古的小说是什么？

24. 唐人传奇可分哪几类？

25. 现存的宋人话本有哪几种？

26. 四大奇书为何书？作者为谁？

27. 曲有哪几种？来源怎样？

28. 宋、金的戏曲叫做什么？

29. 关、郑、马、白为谁？有何著作？

30.《琵琶记》的作者为谁？在南曲中的地位怎样？

31. 明代著名杂剧家有哪几人？有何著作？

32.《九种曲》的作者为谁？